이 책을 소중한

_______________님에게 선물합니다.

_______________________ 드림

부자가 되고 싶다면 부동산 투자를 하라

· 박경례 지음 ·

위닝북스

부동산을 알아야
부자가 될 수 있다!

부동산과 동고동락한 지도 벌써 20여 년이 되었다. 강산이 두 번 바뀌는 동안 나는 쉼 없이 달려왔다. 나는 남편의 사업 실패로 가장 아닌 가장으로서 자연스럽게 생활전선에 뛰어들게 되었다. 부동산 일을 시작하면서, 평범했던 내가 자연스럽게 억척 아줌마가 되었고 많은 시행착오를 거치며 지금의 자리까지 오게 되었다.

신혼 초 부동산 중개업소 실장으로 일할 때는 자만심이 하늘을 찔렀다. 강남 엄마들은 좋은 부동산을 계약하기 위해 나에게 선물 공세를 펼치곤 했다. 당시는 부동산에 대한 지식이 지금처럼 많지 않을 때라 괜찮아 보이는 부동산이 있으면 바로 전화해서 그들에게 소개했다. 그들은 딱 지금의 내 나이였다. 그 당시는 내가 갑인 줄 알았는데 을 중에서도 아주 못난 을이었다. 그들이 그렇게 부를 축적할 때 나는 달랑 수수료 몇 푼 받는 것에 눈이 멀어 있었으니 말이다.

　뉴질랜드에 투자 이민을 가서 2년 정도 살았던 적이 있었는데, 당시 나는 영어공부에 미쳐 있었다. 아이 셋을 데리고 뉴질랜드에서 살려면 일단 영어에 능숙해지는 것이 최우선이었다. 그렇게 랭귀지 스쿨을 2년간 다녔다. 당시 아들이 다섯 살이었는데, 유치원이 쉬는 날은 아이가 비디오를 혼자 볼 수 있게 해 놓고 나갔다 집에 돌아온 적도 있었다. 얼마나 무모한 행동이었는지 새삼 '내가 그때 제정신이 아니었구나!'라는 생각이 든다.

　뉴질랜드는 부모가 빈집에 아이를 혼자 두었다 걸리면 무조건 교도소에 가야 한다. 그렇게 위험한 행동을 감행하면서까지 2년에 걸쳐 노력했지만 영어회화는 늘지 않았다. 영어공부는 한국에 돌아오면서 끝이 났다. 요즘 나온 영어공부 관련 책들을 보면서 제대로 된 전문가의 조언을 토대로 공부하지 않고 내 마음대로 했던 공부방식이 완전히 틀렸다는 것을 깨닫고 있다. 부동산도 마찬가지다. 전문가의 조언을 토대로 투자해야만 손해를 방지할 수 있는 것이다.

　뉴질랜드에서 한국으로 들어오면서 무엇을 해야 할지 심각하게 고민했다. 부동산 일을 또 하고 싶지는 않았지만, 때마침 남편의 사업 실패로 집안이 풍비박산 나면서 다시 부동산 투자를 하게 되었다. 그리고 돈이 얼마나 값진 것인지 알게 되면서 오로지 돈을 벌기 위해 미친 듯이 일에 매달렸다. 부동산 계약을 성사시키기 위해 자는 시간을 제외한 나머지 시간에 어떻게 하면 계약을 많이 할 수 있을지만 생각하며 살았다. 그 결과 한 달간 억대 수입을 올린 적도 있었다.

이렇게 정신없이 살다 보니 몸에 이상 신호가 왔다. '내가 할 수 있는 한 최선을 다하자!'라고 다짐했지만 언제나 나는 항상 그 이상의 일을 했고 점점 지쳐갔다. 온종일 컨설팅이나 전화상담 때문에 배 근육이 마비될 정도로 화장실을 가지 못해 소변을 볼 때면 배를 쥐어짜야만 했다. 가장 가까이 근무하는 사람들조차도 나의 처지를 알지 못했다. 몸에 이상이 생기면서 나를 생각해 줄 사람은 나뿐이니 스스로를 위해 부동산 사무소를 옮기기로 결정했다.

평택에 온 뒤 시간적으로 좀 더 여유가 생기긴 했지만 반복되는 일상은 전과 다를 바가 없었다. 그래서 '나의 경험을 토대로 더욱 멋지게 살 수 있는 방법은 없을까?'를 고민하다 같이 부동산을 운영하는 이지연 대표님의 권유로 〈한국 책쓰기 성공학 코칭협회〉의 김태광 대표 코치님을 만나게 되었다. 그의 〈책쓰기 과정〉을 들으면서 내가 가야 할 길에 대한 확신이 생겼고, 내 꿈의 윤곽을 명확히 그릴 수 있었다. 그렇게 마침내 내 분신인 이 책이 탄생하게 되었다. 이제 나는 이 한 권의 책을 넘어서 1인 기업가로 우뚝 서기 위해 열심히 달려가고 있다. 지금처럼 행복하게 일하고 가슴 뛰는 삶을 살 수 있게 해 주신 김태광 대표 코치님과 임원화 코치님에게 정말 감사드린다. 또한 이 책이 세상에 잘 나올 수 있도록 물심양면으로 도와주신 〈위닝북스〉의 권동희 대표님께도 감사의 말을 전하고 싶다. 참고로 본문에 나오는 사례의 인물들은 편의상 실명 대신 모두 가명을 사용했음을 일러둔다.

마지막으로 내가 운영하는 네이버 카페 〈30대를 위한 부동산 투자 연구소〉의 가족들에게도 감사하다고 말하고 싶다. 나는 그들에게 성공으로 가는 동기를 부여해 줄 것이고, 그들이 부자가 될 수 있도록 '1인 1빌딩 갖기 프로젝트'를 완수해 노후를 편하게 보낼 수 있도록 도와줄 것이다.

2018년 3월
박경례

프롤로그

PART 1 경기가 흔들려도 부동산 투자는 흔들리지 않는다

아는 만큼 돈 버는
부동산 투자가 진짜 투자다

돈 걱정 없이 살고 싶다면 부동산으로 투잡하라

소액 부동산 투자로 평생 수입 만드는 9가지 기술

부동산 투자로
또 다른 월급 통장을 만들어라

경기가 흔들려도 부동산 투자는 흔들리지 않는다

나는 오늘도
부동산 계약하러 간다

나는 20년이 넘는 시간 동안 부동산으로 많은 경험을 했다. 부동산에 관한 일이라면 누구보다 관심이 많다. 먹고살기 바쁠 때는 하나라도 계약을 성사시키기 위해 정말 피나는 노력을 했다. 그동안 성사시킨 계약만 해도 수천 건이다. 그런데 정작 부동산 일을 하면서도 내가 투자해서 돈을 벌어야겠다는 생각은 하지 못했다. 경제적으로 윤택하기도 했고 항상 돈은 샘솟듯 나오는 줄로만 알았다. 그래서 부동산 계약으로 많은 돈을 벌었을 때도 투자는 크게 생각이 없었다. 이후 많은 시간이 흐르고 형편이 어려워지면서 계약 수수료만 받는 것보다는 투자를 해야 된다는 것을 깨닫게 되었다.

부동산을 계약하기 위해 여기저기 임장활동(현장에 직접 가 보는 부동산 활동)을 하고 있을 때였다.

"박 실장, 연립이 하나 나왔는데 사 놓으면 무조건 돈 돼요. 그냥 아무 소리 말고 사요."

"어휴, 아파트 살다 거기 가서 어떻게 살아요? 별로 내키지 않네요."

부동산에서 같이 일하던 동료가 묻지도 따지지도 말고 돈이 된다며 서울 송파 풍납동에 위치한 연립주택을 사라고 채근했다. 수십 년 전 결혼하고 처음으로 투자를 시작했을 당시 부동산에 관한 나의 지식은 햇병아리 수준이었다. 부동산으로 돈을 벌어 본 경험도 전혀 없었다. 무엇보다 돈이 많지 않았다. 그리고 당시 인천에 아파트를 보유하고 있었기 때문에 부동산 투자에는 관심조차 두지 않았다. 나는 그저 어리숙하고 사기당하기 좋은 사람이었다.

당시 연립주택의 매매가는 2,000만 원으로, 지하에 300만 원으로 임대를 놓을 수 있었다. 나는 800만 원을 대출받아서 부족한 금액을 충당했다. 투자비용은 1,000만 원이 들었다. 그렇게 아무 계획 없이 투자를 했는데 운 좋게도 행운이 따라 주었다. 연립주택이 1년이 채 안 돼 재건축되면서 30평대 아파트를 받게 된 것이다.

당시 풍납동 연립주택은 보통 사람이었다면 매수하지 않고 줄행랑을 쳤을 것이다. 시설이 형편없었던 데다 주변 환경이 열악하기 이를 데가 없었기 때문이다.

당시 나는 아직 부동산 초년병이었다. 그랬던 내가 이렇게 투자에 성공할 수 있었던 것은 부동산 전문가인 동료의 권유 덕분이었다. 그는 연립주택의 환경이 좋지 않고 주변도 지저분하지만 강변이 보이고 천호대교와 올림픽대로가 붙어 있어서 여러 가지 여건이 좋다며 사 놓기만 하면 무조건 효자 노릇을 할 거라고 했다. 아파트에 살다가 어떻게 주택에서 살지 걱정이 되긴 했지만, 다른 사항들은 대체적으로 흡족했다. 교통망, 강변 전망, 많은 대지 지분 등 집을 사려고 마음먹으니 장점만 보였다. 그렇게 나는 계약을 하게 되었다.

풍납동 연립주택의 재건축 발표가 난 후 2년 정도를 그 집에서 더 살았다. 당시 우리 집이 1층이었는데 보안이 잘 되지 않아서 도둑을 두 번씩이나 맞았다. 도둑은 돼지저금통, 카메라 등 돈 되는 것은 싹 쓸어 갔다. 덕분에 신경이 예민할 대로 예민해져서 작은 소리만 나도 도둑이 들어온 건 아닌지 신경 쓰여 잠을 잘 수가 없었다.

수십 년이 지났지만 만약 그때로 돌아간다면 다시는 살고 싶지 않은 곳이었다. 얼마나 무서웠는지 도둑을 또 맞을까 봐 철통 방어를 한답시고 거금 100만 원을 들여 철제 창틀까지 맞췄다. 소 잃고 외양간 고친 격이었다.

한 달 후 주택은 재건축에 들어갔다. 결혼한 지 얼마 안 되었을 때라 월급을 받아서 30평대 아파트 입성은 꿈도 꿀 수 없는 상황이었다. 그렇게 아무것도 몰랐던 내가 좋은 멘토를 만나서 처음으로 목돈을 만드는 발판을 만들게 되었다.

부동산은 어떻게 발을 들이는지가 매우 중요하다. 똑같이 시작해도 어떻게 투자하느냐에 따라 시간이 흐른 후 엄청나게 차이가 나는 것을 확연하게 느낄 수 있다. 나는 내가 옳다고 생각하면 밀어붙이는 편이다. 모른다고 그냥 넘기지 않고 경험이 많은 사람들의 자문을 받기도 한다. 사람은 완벽할 수 없다. 모르는 것은 배우면서 익혀야 한다. 다른 사람의 조언을 흘려듣지 않고 귀담아들었던 것이 나에게 행운을 가져다주었다. 당시 그냥 적금을 들었더라면 집을 장만하는 데 더 많은 시간이 소요되었을 것이다.

"엄마, 재벌들은 돈을 어떻게 벌었는지 인터넷으로 찾아봤는데 거의 90%가 부동산 투자로 돈을 벌었대. 나도 돈 벌고 싶어! 돈 모으면 무조건 부동산에 투자할 거야!"

"우리 아들 다 컸네. 일단 공부부터 하고요. 네?"

며칠 전, 고등학교를 졸업한 아들이 나에게 부동산으로 돈을 벌고 싶다면서 말한 내용이다. 나는 깜짝 놀랐다. 평소 아들에게 돈이 없다고 한 적도 없고 경제적으로 어려운 상태가 아닌데도 아들은 부동산에 많은 관심을 갖고 있었다. 그만큼 부동산은 나이의 제약이 없다는 것을 말하고 싶다. 요즘은 인터넷, 카페, 블로그 등 다양한 곳에서 정보를 공유하기 때문에 조금만 관심을 가지면 누구나 지식을 쌓을 수 있다. 나도 신문이나 인터넷을 틈틈이 살펴보고, 임장활동을 하고, 아파트 모델하우스 등을 수시로 다닌다. 주로 상가 분양을 알아보는데 새벽이나 주말 또는 한가한 오전을 활용한다. 이런 정보들이 내가 부동산을 운영하는 데 많은 도움을 주고 있다.

나는 부동산 계약에 영역을 두지 않는다. 아파트 시장이 좋을 때는 집중적으로 아파트에 투자한다. 분양권 열기가 한창일 때는 그것에 집중했다. 부동산도 경제적 상황에 따라 시장 흐름이 바뀐다. 대부분의 사람들은 본인이 아는 만큼 부동산에 투자한다. 부동산을 보는 시야를 넓혀야 전체적인 흐름을 크게 볼 수 있다. 전문적인 지식이 쌓였다면, 거시적으로 보면서 분산투자를 하는 것도 좋은 방법이다.

나는 부동산과 인연이 참 깊다. 내가 절박했을 때 어렵지 않게 일어설 수 있었던 것도 부동산과 함께했기 때문이다. 그만큼 많은 노력과 관심을 가진 덕분에 운도 따라 줬던 것 같다. 나는 부동산 투자를 누구보다도 좋아한다. 부동산을 운영하면서 주변에 돈을 벌 수 있는 투자처가 정말 많았다. 좋은 물건이 나오면 미친 듯이 사고 싶어진다. 쇼핑중독에 걸린 사람들이 원하는 물건을 꼭 사야 직성이 풀리는 것처럼 말이다.

나는 공인중개사지만 좋은 부동산이 나오면 지역에 국한하지 않고 수수료를 주고 매입한다. 정보를 얻기 위해 원주, 청주, 대전, 안성 등 안 가는 곳이 없다. 이것이 절대 힘들다고 생각하지 않는다. 발품을 팔아서 돈이 된다면 그만큼 즐거운 여행도 없다고 생각한다. 오늘도 나는 좋은 부동산이 있으면 계약을 하러 어디든 달려갈 것이다.

왜 부동산 투자가
대세인가?

나는 그동안 부동산으로 많은 경험을 했고 지금도 현역으로 일하고 있다. 부동산에 일찍 눈을 떴기 때문에 양가 부모님에게 아무것도 물려받지 않았어도 여유롭게 살 수 있었다. 만약 부동산에 관심이 없었더라면 풍요로운 생활을 한다는 것은 꿈도 꿀 수 없었을 것이다. 또 나를 믿고 따라 와 주는 고객들 덕분에 내 가족들과 여유롭게 생활할 수 있었다.

나는 지금도 돈이 되는 부동산을 보면 어떻게든 손에 넣어야 직성이 풀린다. 자본주의 사회에서 돈이란 생명줄이나 다름없다. 그리고 나는 부동산을 통해 많은 사람들에게 도움을 주고 있다

21

는 것에 자부심도 있다.

내가 돈의 가치를 깨닫게 된 것은 남편의 사업 실패로 수십억을 날린 후였다. 전 재산이 공중분해 되어 버린 뼈아픈 경험을 한 뒤 돈의 소중함을 절실히 느꼈다. 그와 동시에 돈을 버는 것도 중요하지만 돈을 투자해 어떻게 굴려야 할지를 생각했다. 세상을 살아가면서 돈은 정말 없어서는 안 될 중요한 요소다. 부동산은 기회를 놓치면 다시 돌아오지 않는다. 부동산 시장은 불황이든 호황이든 계속 돌아가며, 많은 부동산이 금광을 간직한 채 고객을 기다리고 있다. 그것을 찾아내서 고객에게 전달하는 게 나의 일이다. 부동산 투자를 원한다면 타이밍을 절대 놓치지 말아야 한다.

몇 달 전, 중년 부부가 나의 사무실을 방문했다.

"저희가 부동산을 정리했는데요. 좋은 점포주택지 좀 부탁합니다."

이분들은 멀리 대전에서 부동산이 정리되자마자 점포주택지 계약을 위해 한달음에 달려왔다고 했다.

"점포주택지는 좀 알아보셨나요?"

나는 부부가 점포주택지에 대해서 어느 정도 알고 있는지 파악에 들어갔다. 점포주택지란 1층은 상가, 2~4층은 투룸이나 쓰리룸 등을 지어서 임대를 놓아 매달 월세를 받는 점포겸용 단독주택지를 말한다. 이를 알고 오는 사람과 전혀 공부가 안 된 상태에서 오는 사람은 상황이 다르다. 위의 부부는 그전부터 수익형 부동산에 관심을 갖고 있었다고 했다. 그러던 찰나에 현금이 들어오면서 직접 방문을 한 것이다.

개발 호재로 주목받고 있는 평택 고덕신도시는 수도권 마지막 신도시로서 앞으로 계속 발전해 나갈 지역이다. 부부는 TV와 신문을 보고 평택의 개발상황에 대한 정확한 정보를 알고 있었다. 고덕신도시 점포주택지의 필지별 위치까지 정확하게 파악하고 있었다. 그리고 이미 내 블로그까지 찾아본 다음 멀리서 방문한 것이었다.

이처럼 투자에 관심 있는 사람이라면 수익형 부동산에 대한 관심이 매우 높다. 고덕신도시에 대한 정확한 정보가 없어도 인터넷 검색을 하다가 관련 내용을 상세하게 써 놓은 내 블로그를 보고 찾아오기도 한다. 점포주택지는 현장에 가지 않아도 지도상으로 필지 위치를 보고 계약을 한다.

나는 부부에게 평택에 관해서 전반적으로 자세하게 설명을 해 드렸다. 그리고 순조롭게 계약을 마쳤다. 부부는 그곳에 점포주택을 지어 월세로 평생 월급을 받을 계획이라고 했다. 점포주택지는 땅값이 계속 오르고 평생 월세를 받을 수 있어 요즘 젊은 층에게도 높은 관심을 받고 있는데, 그 가운데서 가장 뜨거운 곳이 바로 고덕신도시다. 부부는 예전부터 친구가 점포주택지를 갖고 있어 관심을 가지다가 이번에 계약을 하게 되었다며 매우 만족해했다.

위 부부의 사례처럼 수익형 부동산에 열광하고 관심을 갖는 수요자가 늘고 있다. 요즘도 끊이지 않고 문의 전화가 온다. 앞으로는 더욱더 수익형 부동산에 대한 관심이 높아질 것이다. 투자를 원하는 연령대도 낮아지는 추세다. 부동산 사무소를 방문하는 사람들도 연령대가 천차만별이다. 과거에는 땅 투자가 나이 든 어른들이나 하는 거라고 생각해 젊은 사람들은 아파트나 오피스텔에 투자하는 경향이 많았는데 요즘은 토지에도 많은 관심을 보인다.

나는 섣부른 판단으로 손해 보는 경우를 무수히 봐 왔다. 20~30대는 경험이 없어서, 50~60대는 잘못된 판단을 내려서다. 그런 사람들은 나중에 엄청난 후회를 한다. 그러나 몇 억 원씩 날린 뒤에 후회한들 날아간 돈은 다시 돌아오지 않는다. 그러므로 신뢰가 있고 경험이 있는 사람과 손잡고 부동산 투자를 한다면 돈을 버는 데 많이 도움이 될 것이다.

김재광 씨는 내가 부동산을 운영하는 버블세븐지역(강남·서초·송파·목동·분당·용인·평촌 등 부동산 가격이 급등한 7개 지역)에 아파트를 갖고 있었다. 그의 가슴 아픈 사연은 이렇다. 그는 버블세븐이 되기 바로 직전 부동산 가격이 하늘 높은 줄 모르고 오를 때 집을 샀다. 전 재산을 통틀어 8억 5,000만 원에 50평대 아파트를 구입했다. 그러나 얼마 후 서브프라임모기지(비우량주택담보대출) 사태로 집값은 지속적으로 떨어졌다. 그래도 본전 생각에 계속 아파트를 부여잡고 있었지만 가격은 오르지 않았다. 집을 사면서 받은 대출은 무려 5억 원이었다. 집값이 오르면 정리해야지 했던 게 문제였다.

결국 퇴직금을 모두 쏟아부어서 샀던 집은 경매로 넘어가고 말았다. 경매로 집을 날린 것도 모자라 은행대출이 다 정리되지 않아 그는 신용불량자 신세가 되었다. 그리고 얼마 후 집에서 쫓겨나듯 이사를 갔다. 그 집은 법원에서 경매로 4억 8,000만 원에 낙찰되었다. 한순간의 잘못된 판단으로 나락에 떨어진 것이다.

김재광 씨처럼 부동산을 꼭지에 사서 낭패를 보는 사람들이 많다. 너무 과열된 상황을 모르고 시장조사 없이 뛰어들었다가 손해를 보는 것이다. 너무 올라서 사지 말라고 해도 그들은 일단 일을 저지른다. 왜 구입을 못 하게 막는지 이해하지 못한다. 그리고 나중에 가서야 잘못되면 그때 이야기를 들을 걸, 하고 후회하는 경우를 보게 된다. 그렇기 때문에 충분히 검토한 후 본인이 기준을 잘 세우고 투자해야 좋은 결실을 볼 수 있다.

우리나라는 OECD(경제협력개발기구) 가입국 중 자살률 1위다. 요즘 신문이나 TV를 보면 자살공화국의 주범은 바로 생활고라고 한다. 한국 사회에서 돈 때문에 자살하는 경우는 정말 많다. 얼마 전에도 몇 달 치 월세가 밀려 결국 극단적인 선택을 한 사람의 슬픈 기사를 봤다. 이렇듯 세상을 살아가는 데 돈은 정말 중요하다.

몇 해 전 여름, 신도림에 거주하는 고객에게서 연락이 왔다.

"여보세요? 오전에 상담 좀 받으러 가겠습니다."

"네. 10시쯤에 방문해 주세요."

그 고객은 렌털하우스에 관심이 많았고 나의 블로그를 먼저 보았다고 했다. 오래전 서울 용산구 한남동에서 기사로 일했던 그는 당시 집주인이 렌털하우스로 임대료를 받는 것을 보고 꼭 돈을 벌어서 수익형 부동산을 사고 싶었다고 한다. 일찍이 부인과 사별하고 자녀들은 결혼해서 분가해 혼자 살고 있는데, 수익형 부동산에 투자할 돈을 모으는 데 20년이 걸렸다고 했다. 그는 본인 집을 팔아서 렌털하우스 부동산으로 전환하고 자신은 임대아파트로 들어간다고 했다. 좋은 수익형 부동산 계약을 위해 이곳저곳 다니면서 오후까지 임장은 계속되었다. 그날 그 고객은 그렇게 원하던 수익형 부동산 소유의 꿈을 이루었다.

가끔 고객들은 "부동산에 투자해도 되나요?"라고 묻는다. 그리고 나라가 시끄러워서, 경기가 안 좋아서, 미분양 아파트가 넘쳐나서 등 투자를 하지 못하는 이유에 대해 장황하게 설명한다. 그러나 나는 부동산 시장을 조금이라도 읽을 줄 안다면 부동산에 관심을 갖고 노력하라고 이야기한다. 부동산 가격의 상승과 하락이 언제나 도사리고 있지만, 어딘가에는 지금도 부동산 가격이 오르면서 시세차익을 얻는 사람이 분명 있다. 이런 경우는 본인이 관심을 가지고 끊임없이 공부해야만 그에 따른 결실을 얻을 수 있다. 국내 부동산은 아직도 지역에 따라 꿈틀거리고 있다. 그래서 아직도 부동산 투자는 대세다.

부동산 투자,
절대 운에 맡기지 마라

"박 사장, 어떻게 안 되겠어? 제발 정리 좀 해 줘 봐. 대출이자 때문에 밤에 잠을 못 자."

오늘도 박성원 씨는 부동산 사무소로 출근했다. 대출이자를 감당하기 힘들어 어떻게든 아파트를 정리하고 싶은 마음에 하루가 멀다고 찾아와서 채근이었다.

"저도 노력하고 있어요. 빨리 정리해 드릴게요."

그는 부동산에 죽치고 앉아 본인과 맞는 고객이 있는지 계속 참견을 하곤 했다. 그렇게 수도 없이 방문해서 아파트 단지에서 본인이 통장을 맡고 있으니 자기 집을 팔아 주면 고객을 소개시켜 준다느니 하면서 끊임없이 부탁을 해 왔다. 그리고 마침내 아주 어렵게 아파트를 2년 만에 정리할 수 있었다. 처음 분양받았던 가격이 8억 5,000만 원이었는데 매도할 때의 가격이 6억 2,000만 원이었으니 그야말로 엄청난 손실이었다.

성원 씨는 모델하우스 구경을 갔다가 계약금 5,000만 원만 있으면 아파트를 살 수 있다는 영업사원의 말에 분양금액은 생각도 않고 시장조사도 없이 미분양 아파트를 덜컥 계약했던 것이었다. 남이 사니까 본인도 덩달아 산 결과 결국 엄청난 손실을 보게 되었다. 조금만 생각해 보고 주변 부동산을 몇 군데만 들려 봐도 알 수 있는 사실이었다. 이처럼 아무 생각 없이 투자를 하면 엄청난 손실을 안게 된다.

많은 사람들이 부동산 투자를 하고 싶어 한다. 그러나 정확한 정보 없이 무턱대고 판단해 낭패를 보는 경우도 많다. 주먹구구식 판단이 운 좋게 잘 풀릴 수도 있지만 어마어마한 손실로 연결되는 경우도 많다. 절대 섣부른 판단은 금물이다. 부동산 투자는 적게는 몇 천만 원부터 많게는 수억 원이 오간다. 부동산 투자는 귀로 듣고, 눈으로 읽고, 현장에 꼭 가 봐야 한다. 그리고 전문가에게 자문을 구한 뒤 신중하게 결정해야 한다. 주변에서 수없이 많은 사람들이 투자 실수로 낭패를 보는 사례를 봐 왔다. 그러고는 매번 사무실로 찾아와 눈물을 흘리거나 하소연을 한다. 그런 경우는 차라리 부동산에 투자하지 말고 은행예금을 드는 편이 훨씬 낫다.

부동산은 정부시책에 아주 민감하지만, 투자할 만한 값어치가 충분히 있다고 생각한다. 중요한 것은 정부시책이 나올 때마다 부동산 투자가 어떤 형태로든 이루어지고 있다는 것이다. 부동산 시장이 안 좋을 때는 가격이 내려가는 때를 봐서 나오는 급매물을 잡아야 한다. 시장이 살아날 때는 미분양을 공략해야 하고, 나홀로족이 많아지는 요즘은 오피스텔에도 관심을 가져야 한다. 이렇듯 부동산 투자는 다방면으로 계속 진행되고 있다.

어느 날 부동산으로 한 고객이 전화를 걸어 왔다. 소규모 회사를 운영하는 남윤기 씨는 수익률이 있는 부동산을 사고 싶은데 돈이 많지 않고 어떻게 투자해야 할지 잘 모르겠다고 했다. 나는 오피스텔을 권유해서 역세권으로 여러 채 계약을 해 주었다. 그러면서 윤기 씨의 사정을 알 수 있었다. 그는 아무 정보 없이 부동산에 투자를 했다고 했다. 용인의 상현동과 동백동, 화성의 향남 등에 여러 채의 부동산을 가지고 있었지만, 그가 가지고 있는 부동산들은 하나같이 가격이 오를 만한 곳이 아니었다. 거기다 본인 사업이 바쁘다 보니 관리가 제대로 되질 않았다. 윤기 씨는 나에게 부동산 관리를 대신 해 달라고 부탁했다. 한겨울에 용인에 있는 동백아파트에 난방을 틀어 달라거나 향남 재계약을 대신 해 달라고 부탁한 적도 있었다.

그러던 어느 날, 그는 동백아파트의 수도가 얼어 버릴 수도 있다며 난방을 틀어 달라고 요청했다. 나는 가까운 거리도 아니었지만 일부러 난방을 켜 주기 위해 동백까지 다녀왔다. 그런데 문제는 그가 난방을 끄러 가지 않았다는 것이었다. 그는 난방비가 많이 나온 책임을 나에게 돌리며 무척 화를 냈다. 나는 고마움도 모른 채 무리한 부탁을 하는 윤기 씨와 더 이상 거래하고 싶지 않았다. 그동안 두 채의 아파트를 어렵게 팔아 줬는데 고마움은 모를망정 몹시 서운했다. 나를 마치 본인의 직원인 것처럼 다루는 그의 태도에 기분이 좋지 않았다.

결국 나는 윤기 씨에게 사장님과의 인연은 여기까지이며 더 이상 부동산 관리를 못해 드릴 것 같다는 문자를 보냈다. 그리고 그와는 더 이상 거래를 하지 않았다. 나는 지금도 그가 좋은 투자 멘토를 놓쳤다고 생각한다. 윤기 씨에게는 여기저기 부동산들이 분포되어 있었지만 가격이 나가는 아파트는 없었다. 잘못된 선택을 한 것이 화를 부른 것이다. 그저 부동산을 사면 오르겠지 하는 태도로 운에 맡겼다가 낭패를 본 경우다.

오랜 시간 부동산 투자를 골고루 경험하며 일정 수익 이상을 거둬 살아남은 자만이 부동산 투자를 논할 자격이 있다. 그렇다고 초보자는 부동산에 투자하지 말라는 것은 아니다. 좀 더 신중을 기해서 단계적으로 밟아 가면서 좋은 투자처를 보는 안목을 키워야 한다는 것이다. '장기적인 경기침체와 저금리 시대에 돈을 모을 수 있는 최선의 방법은 무얼까?' 나는 부동산이라고 자신 있게 말하고 싶다.

부동산 투자는 호경기에 그저 운 좋게 얻은 수익으로 무조건 직진하는 것은 매우 위험하다. 부동산은 경제, 정치, 현재 상황에 큰 영향을 받는다. 2017년은 부동산 불황이니 이제 부동산은 끝났다는 말들이 많았다. 나는 IMF, 서브프라임모기지, 정부 규제 등 이미 많은 것들을 경험했다. 물론 운 좋게 과거에 투자했던 것은 얼마큼 남았느냐가 문제였지 손해를 본 경우는 거의 없다.

그러나 지금은 그때와는 상황이 아주 다르다. 좀 더 신중을 기하고 현재의 흐름을 파악해야 손해 보는 일을 막을 수 있다. '어떻게 되겠지'라는 생각은 버려야 한다. 나는 경기가 안 좋을 때 고객들에게 경매 투자를 많이 권했다. 그러나 경기가 좋지 않을 때는 법원경매도 불황을 탄다. 그럴 때 옥석을 잘 골라서 낙찰을 봐주기도 한다. 옥석을 잘 다듬어서 팔면 돈이 되는 경우를 많이 봤다. 부동산은 잘만 고르면 많은 차익을 낼 수 있다. 모르면 믿을 만한 부동산 멘토를 적극적으로 활용하고 친하게 지내면서 정보를 얻기 바란다.

소중한 자산을 운에 맡기는 어리석은 행동은 하지 말자. 그것은 십중팔구 실패를 볼 수 있다. 최대한 많이 발품을 팔고 신중에 신중을 기해서 판단했으면 한다. 한 번의 실수로 금전적 손실을 본다면 이를 회복하기란 여간 힘든 게 아니기 때문이다. 부동산은 어느 정도 경험이 쌓이면 누구나 쉽게 따라 하고 수익도 올릴 수 있지만, 그러한 노하우와 경험을 쌓기까지는 시간이 필요하다. 나의 소중한 자산을 만드는 일인 만큼 높은 수익을 거둘 수 있고 환금성이 있는 부동산을 찾아봐야 한다. 거기다 매달 월세까지 받는 투자를 꿈꿔야 한다. 이 책을 읽고 조금만 노력해도 절반은 배운 셈이다.

부동산 투자의 기회는
누구에게나 열려 있다

"엄마, 내 돈을 왜 그냥 놀려. 투자 좀 해 줘!"

직장에 다니는 큰딸이 나에게 은행에 들어 있는 몇천만 원으로 재테크를 해 달라고 말했다.

"알았다. 분양권이라도 해 줄게."

큰딸은 벌써 여러 번 내가 본인 명의로 아파트 당첨이 되어 시세차익을 본 것을 알고 있었다. 분양권이 당첨되면서 명의가 딸로 되어 있어 어쩔 수 없이 계약부터 중도금대출까지 직접 가야 했다. 그래서 큰딸은 부동산 투자에 대해 어렴풋이 짐작은 하고 있었다. 내가 청약을 대신해 준 아파트 분양권에 여러 번 당첨이 되면서 계약 때마다 용돈을 주었더니 자신도 투자를 해야겠다는 생각을 했던 것 같다. 나는 얼마 후 아파트 분양권을 샀다가 500만 원 정도 차익을 남기고 팔아 주었다.

물론 그렇게 많은 금액이라 볼 수는 없지만 소액을 투자해서 500만 원을 남기는 것은 쉬운 일은 아니다. 딸이 투자한 걸 알고 나이가 비슷한 조카도 모아 놓은 돈으로 투자를 해 달라고 했다. 나는 역세권 아파트를 사서 입주까지 생각하다 얼마 전 시세차익을 보고 팔아 주었다. 오랫동안 형편이 좋지 않아 임대를 전전했었는데 이번에 임대아파트가 당첨되어 현금이 필요하다고 했다. 이렇게 분양권은 환금성도 좋다.

부동산 투자의 기회는 누가 만들어 주지 않는다. 조금만 관심이 있어도 그게 시작점이 되는 것이다. 대부분의 사람들은 매달 받는 월급에 만족하고 투자에는 큰 관심이 없다. 그러나 조금만 눈을 돌려도 널려 있는 게 부동산 책이요, 한 집 건너 한 집이 부동산이다. 조금만 부지런해도 하루에 한 군데의 부동산에 들러 많은 정보를 얻을 수 있다.

부동산은 종류가 정말 다양하다. 한 곳의 부동산 사무소가 모든 것을 다 안다고 생각하면 오산이다. 아파트 전문인 부동산 사무소에 가서 땅 이야기를 하면 대부분의 공인중개사는 왜 그런 걸 하냐며 아파트 투자로 유도한다. 상가만 전문으로 하는 공인중개사는 왜 돈도 안 되는 아파트에 투자하느냐며 고개를 흔든다. 조금이라도 본인들이 좀 더 아는 쪽으로 유도하는 것이다.

나는 그동안 고객에게 아파트만 권하기도 했고 그다음에는 오피스텔, 상가, 점포주택지, 토지, 상가입찰 등을 경험하고 직접 참여하면서 영역을 넓혀 가고 있다. 나는 지금도 우물 안의 개구리다. 아직도 더 많은 공부를 해야 한다는 것을 깨닫는다. 계속되는 분양아파트, 분양상가, 지역마다 다른 택지, 새로 나는 도로망, 새로 들어오는 기업도시, 신도시 등 쉴 새 없이 공부를 하고 있다.

이른 아침, 70대의 어르신이 사무실의 문을 열고 들어왔다. 허리는 엉거주춤하고 눈은 게슴츠레한 것이 피곤에 지친 모습이었다.

"어서 오세요. 뭐 찾으시는 것 있나요? 교통카드 충전해 드려요?"

"임대 나오는 상가 있나요? 무조건 1층으로요."

어르신은 기운이 없는 듯 의자에 털썩 주저앉으며 말했다. 그게 그분과 나의 첫 대면이었다. 그는 지금까지 모아 놓은 현금이 2억 원 정도 있다고 했다. 지금은 수위로 재직 중인데 노후준비를 해 놓은 게 없어서 매달 얼마씩이라도 나와야 할 것 같다고 했다. 그러나 부동산에 대해 지식이 없었다. 상가를 볼 줄 아는 식견도 없었고 그냥 무조건 가격만 깎고 싶어 했다. 부동산 중개는 양쪽의 요구가 충족되어야 이루어지는데 일방적으로 계속 요구하다 보면 성사될 수 없기 때문에 서로 절충을 잘 해야 한다. 내가 어르신에게 상가 매수 가격의 적정선에 대해서 말하면 그 순간은 알아듣겠다는 표정을 지었지만, 다음 날이면 다시 원점으로 돌아가기를 수차례였다.

얼마 후 어르신이 원하는 상가를 찾을 수 있었지만, 좀처럼 결정을 하지 못했다. 당시 그분이 계약할 것처럼 해서 가격을 다 조정해 놨기 때문에 내 입장도 난처한 상황이었다. 계약이라는 것이 도장을 찍기 전까지는 장담할 수 없다지만 너무 시간을 끄는 것이 참 답답했다. 어르신은 나에게 엄청 미안해했다. 그리고 결국 상가를 포기했다. 그 후 상가는 30대 후반의 부부가 계약했다.

계약을 한 건 올리는 것도 어려울 때가 많다. 당시 매도자는 상속받은 상가를 팔아야 하나 가지고 있어야 하나 매우 고민하는 상태였다. 그래서 늦은 시간 카페에서도 여러 번 상담을 해 주었다. 나는 그에게 돈의 여유가 있으니 지금보다 더 큰 것으로 갈아타라고 설득했다. 상가 매매가는 3억 3,000만 원이었고 임대는 보증금 3,000만 원에 월 135만 원이었다.

이렇게 전문가 입장에서 좋은 조건으로 만들어 줘도 기회를 잡는 사람과 놓치는 사람이 있다. 어르신은 매달 월세를 평생 받을 수 있는 아주 좋은 물건을 놓친 것이다.

부동산 투자의 기회는 누구에게나 열려 있지만 사람의 능력에 따라 잡는 사람과 그렇지 못한 사람으로 갈린다. 그렇다고 즉흥적으로 결정하라는 것은 아니다. 수억 원에 달하는 금쪽같은 돈이 오가는데 주의하는 것이 당연하다. 다만 객관적인 투자 원칙과 기준을 세워서 결정하기를 바랄 뿐이다.

'운이 좋아서 잘 되겠지'라는 기대감은 버려야 한다. 많이 아는 사람이 성공하는 법이다. 부동산 투자 성공의 지름길은 지속적으로 관심 지역의 개발 계획을 분석하고 수시로 정보 수집을 하는 것이다. 그래야 손실을 막을 수 있다. 이미 날아가 버린 돈이 아쉬워 괴로워하는 사람들을 많이 보았다. 무조건 싸게 사서 높은 가격에 팔려는 것은 무지한 사람이나 하는 짓이다. 좋은 물건을 제 가격을 주고 정당하게 사서 때를 기다려야 한다. 싸면서 좋은 물건을 찾다가 덫에 걸리는 경우도 많다.

하루는 안정혁 씨가 지역경매정보신문을 들고 왔다. 정말 마음에 드는 게 있으니 나에게 낙찰을 봐 달라고 했다. 나는 경매로 나온 아파트의 권리분석을 한 뒤 낙찰 후 손쉽게 명도소송을 할 수 있을 것 같아 낙찰을 봐 주기로 했다. 그날 그 아파트는 15명이 함께 입찰에 응할 정도로 경쟁자가 많았다. 당시 경매로 나온 50평대 아파트 시세가 5억 원 정도 할 때였다. 나는 그에게 4억 6,000만 원 정도는 써야 한다고 말씀드렸다. 그러나 너무 비싸다며 가격을 본인이 원하는 대로 하고 싶어 했다. 나는 경매는 10%의 낙찰확률을 가지고 보는데 그럴 거면 갈 필요도 없다고 말했다.

결국 정혁 씨가 양보했다. 그가 응찰한 가격은 4억 6,000만 원이었고 차 순위자가 4억 5,500만 원이었다. 경매로 낙찰된 아파트는 거주자에게 이사비용 500만 원을 주고 이사를 보내면서 아주 깔끔하게 마무리되었다. 경매로 낙찰을 보는 경우 명도소송을 해야 하지만 웬만하면 서로 좋게 마무리하는 게 좋다. 정혁 씨는 보증금 5,000만 원에 월 임대료는 160만 원으로 정했다. 지금은 가격이 5억 8,000만 원으로 올랐는데, 신분당선과 접해 있고 배산임수형 아파트라 지속적으로 오르고 있다.

부동산 사무소의 문은 항상 열려 있다. 언제든지 와서 상담을 요청해도 나는 상담을 해 준다. 그리고 지금 시작하는 투자자보다 내가 훨씬 대선배다. 부동산 투자를 원하지만 정작 어떻게 해야 할지 모르는 경우 대부분 인터넷으로 많이 공부를 한다. 물론 그런 경우도 도움이 되지만 참고만 하기 바란다. 이론을 습득했다면 현장으로 직접 나가야 한다. 그래야 부동산 투자의 기회를 잡을 수 있다.

부자가 되려면
부동산을 파악하라

부자가 되려면 부동산을 먼저 파악해야 한다. 부자의 마인드는 그냥 만들어지는 것이 아니다. 경험을 토대로 만들어진다. 프로의 정신으로 완벽하게 파악해 나가야 부동산을 보는 안목이 생기고 부자가 될 수 있다.

우선은 현금흐름을 명확히 파악해야 부동산을 볼 수 있다. 쥐꼬리만 한 월급을 받는다며 툴툴거리는 사람은 평생 돈의 노예로 살아간다. 대출을 최대한 받아서 외제차를 타고 명품으로 온몸을 휘감아도 부동산에는 별 관심이 없는 사람도 있다.

이 세상에 가난하고 싶어서 가난한 사람은 없다. 그러나 가난한 사람은 부자가 어떻게 부자가 되었는지 알려고 하지 않는다. 부자가 되는 방법을 모르기 때문이기도 하다. 부자가 되려면 앞서 말했다시피 현금흐름을 정확히 파악해야 한다. 그다음에는 본인의 수입에서 무리하지 않고 남는 돈으로 부동산에 관심을 가져야 한다. 부자는 결코 그냥 되지 않는다는 것을 부동산 일을 하면서 뼈저리게 느끼곤 한다.

이지영 씨는 부동산 사무소가 위치한 단지 내 아파트에 거주한다. 그녀는 일주일에 두세 번씩 사무실을 방문했다. 매일 반복되는 똑같은 이야기가 지겹기도 하지만 고객의 질문에 맞춤서비스로 대응하는 게 내 일인지라 다 들어 주는 인내도 필요하다. 똑같은 질문에 똑같은 대답일 때도 언제나 친절하게 응대해야 한다. 그렇지 않으면 말이 많은 그녀의 성격상 반상회에서 온종일 떠들 것이 분명하기 때문이다.

지영 씨는 부동산 재력가다. 내가 아는 그녀의 부동산만 해도 역세권의 목이 좋은 위치에 상가 4채, 아파트 3채, 분양권 2개, 오피스텔 1채 등 10개나 된다. 그녀의 상가 중 한 곳의 임대료만 해도 월 1,000만 원이 넘었고 10여 년 전 분양받은 아파트도 제법 가격이 올랐다. 게다가 위치 좋은 곳에 분양받은 아파트는 권리금만 1억 원이 넘는다고 했다.

그녀의 일과는 부동산 사무소에 들러 정보를 얻는 것이다. 상가 임대를 놓을 때도 나에게 여러 번을 물었다. 행여나 가격을 잘못 책정해서 손해를 볼 것에 대한 우려인 듯했다. 한번은 지영 씨가 상가를 매매하겠다고 했다. 그 상가는 역세권에 포진되어 있어서 좋은 위치였는데 그녀가 원하는 가격에 맞춰 여러 번 계약을 할 뻔했으나 모두 무산되었다. 지금 생각하면 자신의 상가 시세를 판단하기 위해서가 아니었을까, 하는 생각도 든다.

그녀에게 배울 점도 많았다. 아파트 분양권이 나오면 발 빠르게 파악해서 청약신청을 하고, 어느 지역에 상가가 좋다고 하면 여지없이 정보를 알기 위해 재빨리 갔다 오곤 했다. 언제나 끊임없이 정보를 수집하기 위해 매일 발품을 팔았다. 어떤 때는 고급 정보를 갖고 오기도 했다. 그렇게 해서 재미를 본 적도 있었다. 지영 씨처럼 부동산 투자로 부자가 되기 위해서는 끊임없이 정보를 구하고 그 지역에 대한 평가를 알기 위해 노력해야 한다.

나도 오랫동안 부동산 경험을 했고 웬만큼 많이 안다고 자부한다. 그리고 지금까지 쌓아 놓은 지식으로 많은 사람들에게 상담을 해 주고 있다. 그렇지만 대한민국 전 지역을 다 알 수는 없다. 그래서 오늘도 부동산에 관한 공부를 게을리하지 않고 열심히 임장을 간다.

"부자가 되고 싶으면 부자들이 모이는 곳에 가서 직접 보고, 듣고, 대화를 나누고, 경험해야 한다."

이건희 삼성전자 회장의 말이다. 이 회장의 말처럼 부자는 아무나 되는 것이 아니다. 그만큼 자신이 부자로 갈 수 있는 자질을 먼저 만들어야 한다.

어느 날, 가까이 지내는 아파트 분양 영업사원이 미분양 아파트를 정리하고 싶어 하는 분이 있다며 연락처를 주었다. 그것이 박노훈 씨와의 만남의 계기였다. 70대인 그분은 가와사키병에 걸려서 안면근육이 자연스럽지 못한 상태였지만 직접 이야기하고 싶다며 사무실을 방문했다. 아파트를 팔기 위해 노력했지만 미분양이 많이 남아 있던 때라 쉽게 팔리지 않았다. 그는 아파트를 빨리 처분하기 위해 매주 사무실을 방문했다. 그렇게 4년 차가 되었을 무렵 손해를 감수하고 팔아 드렸다.

그는 굉장한 부동산 재력가로 안성, 화성 등 곳곳에 상가와 많은 땅을 보유하고 있었다. 몸 상태가 안 좋은 와중에도 침까지 맞으면서 부동산 관리를 하러 다녔다. 괜히 부동산 재력가란 말을 듣는 게 아니었다. 부동산에 관해 해박한 지식을 가지고 있었고 모르는 것은 바로 질문하고 상담했다. 또 항상 부동산을 멀리 내다보았다. 땅 쪼개기, 땅 모양 예쁘게 만들어서 팔기 등 대부분의 사람들이 알고는 있지만 실천에 옮기지 못하는 것들을 노훈 씨는 진행하고 있었다. 워낙 여유가 있는 분이라 땅이 팔리지 않는 것은 크게 신경 쓰지 않았다. 그럴 경우는 전원주택을 지었다. 그리고 나에게 분양을 해 달라고 부탁을 했다. 아파트 매매가 될 즈음 그에게서 연락이 왔다.

"박 사장, 나 제주도인데 지금 난리야. 여기 와서 부동산 해 봐. 돈 주워 담는다. 내가 땅 산 것도 지금 두 배나 올랐고 아파트 매매한 금액도 여기다 투자했는데 장난 아니야! 박 사장이면 충분히 여기서 성공한다. 푼돈에 매여 있지 말고 빨리 와."

"어휴, 사장님! 애들 때문에 못 가요. 저도 가고 싶어요. 신경 써 주셔서 감사합니다."

노훈 씨는 항상 삶을 즐기는 분이었다. 돈이 많아도 제대로 쓸 줄 아는 사람은 많지 않다. 그분은 호주에서 한 달, 뉴질랜드에서 한 달 이런 식으로 여행을 다닌다. 이제 나이가 들어서 해외에 나가는 것도 힘이 든다며 제주도로 이주한 것이었다. 매일 낚시를 하면서 돈도 벌고 세상 부러울 게 없다고 했다. 또 살아 있을 때 물려줘야 한다며 아파트와 상가를 사서 자식들에게 안겨 주었다.

부자들은 시간을 잘 활용한다. 부동산에 관한 책도 많이 읽고 인터넷 검색도 많이 해 보면 길이 보일 것이다. 그리고 열심히 부동산 사무소에 출근 도장을 찍는 것 역시 큰 도움이 될 것이다.

부동산 시장은
아직도 파란불이다

그동안 많은 부동산 계약을 해 오면서 나를 위하기보다는 고객에게 좋은 부동산을 찾아 주기 급급했다. 그리고 내색하지는 않았지만 남편의 사업 실패로 인한 충격으로 많이 힘들었다. 결국 나는 일과 삶의 무게를 동시에 지탱하지 못하고 무너졌고 병마와 싸우게 되었다. 내가 유방암으로 큰 수술을 하고 아픈 게 마치 주변에서 도와주지 않아 병이 생긴 것처럼 모두가 원망스러웠다.

그러나 아픈 것도 잠시, 나는 다시 일 중독에 빠졌다. 정신없이 다시 일에 미쳐갔다. 남들은 내가 일 중독에 빠졌다며 걱정했지만, 모두가 아는 그 사실을 나만 몰랐다. 몇천 건의 계약을 하면서 나는 지칠 대로 지쳐 갔다. 결국 고민 끝에 많은 사람들을 상대할 수밖에 없는 아파트와 이별을 결심했다. 그리고 현재의 평택에 부동산 중개업소를 차리게 되었다. 지금 생각하면 아주 잘한 일이다.

주변에서는 이제 부동산 시장은 끝났다며, 더 이상 집값이 폭등하는 일은 없을 거라고 입을 모은다. 하지만 2016년 6월, 한국토지주택공사와 인천도시공사가 청약신청을 받은 영종하늘도시 점포주택 용지는 9204:1의 경쟁률을 기록했다. 제로금리시대가 되면서 수익형 부동산에 대한 관심은 뜨거워졌다. 초저금리시대에 발맞춰 많은 사람들이 건물주가 되기 위해 발품을 판다. 경제가 어두운 터널을 지나가고 있어도 부동산 투자는 계속되고 있다.

분양 아파트 1순위로 꼽히는 곳은 평택 고덕신도시로, 동양파라곤의 평균 경쟁률은 49:1, 최대 경쟁률은 380:1이었다. 고덕신도시는 수도권의 마지막 남은 신도시로서 택지지구 안에 위치하고 있다. 게다가 삼성산업단지 완공시기와 분양이 맞물리면서 사람들의 관심이 집중되었다.

오늘도 사무실에는 전화가 끊임없이 온다. 아파트, 점포주택지, 근린상가, 단독주택지 등 각자 본인들이 관심이 있는 분야의 정보를 조금이라도 더 얻고자 많은 사람들이 상담을 요청한다. 앞으로 평택은 투자자들의 발길이 더욱 많아질 것이다. 평택시장은 현재 완전 파란불이다. 앞으로 10년 이상은 계속 돌아갈 것이다.

부동산 시장은 빨간불과 파란불이 공존하는 곳이지만, 파란불로 바뀌어 가는 지역도 있다. 얼마 전 〈한국경제〉에서 학세권이 뜨고 있다는 기사를 읽었다. 학세권이란 '학교+역세권'을 뜻하는 말로, 30~40대의 수요자들이 저학년 아이들을 두고 있어 단지 내에 학교가 있는 아파트를 선호한다는 것이다. 이렇듯 매일 신문만 봐도 부동산의 흐름을 파악할 수 있다.

얼마 전 평택 부근에 거주하는 신태경 씨로부터 아침부터 전화가 왔다. 경기가 좋은 줄 알고 아파트 분양을 두 곳이나 받았다고 했다. 그러면서 지금 시세가 어느 정도인지 물었다. 나는 정확한 답을 말해 주는 게 도움이 될 것 같아 그가 가진 아파트 분양권은 시세가 없다고 설명해 드렸다. 태경 씨가 소유한 아파트 분양권은 이미 포화상태인 곳이었다. 나는 시장의 흐름이 그곳에서 고덕신도시로 흐르고 있음을 알려 주었다. 그는 신세한탄을 하면서 권리금 500만 원이라도 준다고 할 때 팔았어야 했다며, 11.3 부동산 대책 이후 여기저기 부동산에 전화해 보니 찾는 사람이 없다고 걱정했다. 나는 현재 가지고 있는 분양권이 별로 경쟁력이 없으니 앞으로 분양할 고덕신도시 택지지구 안에 올 3월부터 진행하는 아파트 청약신청을 해 보라고 권했다. 점포주택지에 대한 관심도 있어 보여서 한참 설명을 한 뒤에야 전화를 끊을 수 있었다.

요즘 들어 부쩍 분양권 문의가 많아졌다. 고덕신도시는 11.3 대책에서 제외되었기 때문에 앞으로 계속 지켜봐야 할 곳 중 가장 파란불이다. 평택 부동산 시장에 관심도가 높다 보니 사람들의 발길이 끊이질 않는다.

나는 웬만하면 지인이나 친구에게 투자를 잘 권하지 않는 편이다. 잘되면 본전인데 잘 안되면 말이 나오기 마련이다. 그래서 친구를 만날 때도 부동산 이야기를 잘 하지 않는다.

며칠 전, 둘째 언니에게서 전화가 왔다. 투자에 관심 있는 분이 있는데 모시고 오겠다고 했다. 부동산을 몇십 년 동안 하면서 한 번도 방문한 적이 없었기 때문에 의외였다. 그만큼 평택 부동산 시장이 뜨겁다는 것이다. 언니는 투자자 두 명을 데리고 왔다. 그들은 점포주택지에 관심이 있었기 때문에 그것에 대해 설명을 했다. 그리고 얼마 전 한 분에게 좋은 필지를 골라 달라며 연락이 왔다.

평택 부동산 시장은 다양한 개발호재와 교통발전, 삼성산업단지로 인한 일자리 창출 등 다양한 메리트가 있다. 평택은 평택항을 기점으로 차이나타운이 들어오는 현덕지구가 개발되고 있는데, 현덕지구 내에서 토지보상 가격 절충 수순에 들어간다면 땅값은 지속적으로 올라간다고 보면 된다. 또한 서울과 오작교 역할을 하는 SRT 고속철도 운행으로 평택에서 강남까지 20분이면 이동할 수 있다. 그리고 서해안복선전철 안중역도 2020년 개통을 앞두고 있다. 거기다 부동산 규제를 받지 않고 전국 청약이 가능한 장점이 있으므로 관심 있게 지켜보며 청약통장을 십분 활용하기 바란다. 대규모 산업단지인 삼성산업단지와 LG진위산업단지가 포진되어 있고, 미군부대가 팽성읍으로 이전되면서 인구 유입은 현재 40만 명에서 2020년도에는 80만 명 정도로 증가할 것이며 2025년에는 100만 명 정도가 될 것으로 추산하고 있다.

한국은행과 민간경제연구원은 2017년 경제성장률 전망치를 2016년보다 낮은 2.2%~2.8%로 예상하면서 부동산 시장은 2016년보다 어려울 것으로 예측했다. 하지만 평택시장만큼은 개발호재가 잇따르고 있어 투자자 및 수요자들의 문의가 계속될 것이다. 물론 평택이라고 모두 시장이 좋은 것은 아니다. 어딜 가나 부동산은 국지적이다. 이것을 꼭 명심해야 한다. 평택의 부동산 시장이 파란불로 바뀐 이때를 주목해 보자.

꼭 전문가의
조언을 구하라

내가 10여 년간 부동산 중개업소를 운영했던 용인은 사람들의 관심이 많은 곳이었다. 용서고속도로 2~3분 거리에 서수지IC가 있고 강남까지 20분대면 진입할 수 있다. 거기다 대체로 부유층이 살면서 학군도 좋은 편이었다. 다른 곳은 보통 소형 평수가 밀집되어 있는데 이곳은 대형 평수의 밀집으로 가족이 많거나 넓은 평수를 선호하는 수요층이 따로 있었다. 그래서 나는 온종일 쉴 틈 없이 바빴다.

아침에 출근하면 우선 다른 부동산 중개업소보다 일찍 인터넷 물건 정리를 했다. 그래야 고객이 내 물건을 인터넷에서 먼저 보고 전화를 할 수 있기 때문이다. 그리고 전날 머릿속으로 생각했던 고객에게 전화를 돌렸다. 그 후 다시 오는 전화, 다른 부동산에서 걸려 오는 전화, 인터넷 매물을 보고 오는 상담 전화로 사무실은 언제나 북새통이었다. 계약을 성사시킨 것 중에는 본인들 스스로 원해서 계약이 이루어진 것도 많았지만 그보다는 내가 먼저 권유해서 계약으로 성사된 경우가 훨씬 많았다.

몇 년 전의 일이다. 어느 날 아침, 김용준 씨로부터 전화가 왔다. 대형아파트에 관심이 많은데 입주할 수도 있고 아니면 투자 목적으로 사 놓을 수도 있다고 했다. 그날 오후 용준 씨가 방문해 원했던 물건을 보여 주게 되었다. 그는 부동산에 관심을 갖고 있었기 때문에 설명을 하면 바로 인지를 했다. 그렇게 그날 아파트를 서른 곳 정도 보여 줬던 것 같다.

그는 투자를 하는 사람으로서 이것저것을 매우 따졌다. 매매가격보다 훨씬 싼 가격이면 계약하겠다면서 무리한 요구를 해 왔다. 당시 80평 아파트 매매를 시세보다 5,000만 원 정도 낮게 요구했는데, 너무 터무니없어서 매도자에게 말도 꺼낼 수 없는 상황이었다. 그래도 혹시나 하는 마음에 매도자에게 타진해 봤지만 어림도 없었다. 그렇게 그날은 계약을 성사시키지 못했다.

그러던 중 급매가 하나 나왔다. 가격보다 3,000만 원 정도 싸게 해 준다는 우선희 씨의 아파트였다. 그 아파트는 융자금이 많아서 꼭 팔아야 하는 상황이었다. 남편의 사업 실패로 이자를 갚을 능력이 안 되었던 상황이라 그녀는 수시로 와서 부탁하고 팔리기만 하면 수수료를 더 많이 주겠다고 말했다. 그전에도 그들의 사정이 딱해서 1순위로 올려놓고 진행을 했지만 급매가 아니었기 때문에 계약은 성사되지 않았다. 그래서 나는 매달 많은 이자가 나가니까 차라리 가격조정을 해서 팔라고 설득했고 허락을 받은 상태였다.

그때부터 내 머릿속에는 '어떻게 하면 저 물건을 팔 수 있을까?'라는 생각뿐이었다. 누구에게 이 급매 물건을 권할지 머리를 빨리 회전시켰다. 그중 용준 씨에게 전화를 걸었다. 그동안 여러 번 문자와 전화를 했지만 바쁘다고 계속 시간 내기를 어려워했던 상황이었다. 용준 씨는 흔쾌히 집을 보러 오겠다고 했고 일은 일사천리로 되는 듯했다. 그러나 용준 씨는 물건은 마음에 드는데 가격을 2,000만 원만 더 깎아 주면 계약을 하겠다고 했다. 정말 난처했다. 벌써 가격 조정을 해 놨는데 더 깎아 달라니…. 계약 성사는 하고 싶은데 방법이 없었다. 더 이상은 절대 깎을 수 없다는 선희 씨 남편의 전화를 받았던 상황이라 팔지 못할 가능성이 높았다.

결국 나는 선희 씨와 결판을 내기로 했다. 가격을 2,000만 원 더 조정해 줄 것과 지금 안 하면 매수자를 구하기 힘들다는 것을 강조했다. 그렇게 해서 드디어 동의를 받고 계약서를 쓰기 직전까지 갔다. 매도자가 마음이 변할 수도 있는 급박한 상황이었으므로 선희 씨에게는 매수자의 마음이 변하기 전에 빨리 팩스로 계약동의서를 요청해서 받은 후, 용준 씨에게 계약금을 넣게 했다. 계약을 할 때마다 쉽게 이루어지는 것도 있지만 이렇게 어렵게 되는 경우도 많다. 계약금을 넣고 얼마 뒤 선희 씨의 남편은 가격을 터무니없이 깎은 것과 본인에게 연락을 안 한 것에 대해 노발대발했다. 이런 일이 비일비재하다. 결국 수수료를 깎아 주는 것으로 일단락이 났다.

한상균 씨와 아파트 계약을 하기까지는 무려 2년이 걸렸다. 서브프라임모기지 사태 전에는 9억 5,000만 원까지 했던 집이었다. 그는 4억 5,000만 원으로 아파트를 사서 보증금 5,000만 원에 월세 130만 원으로 임대를 주었다. 대출금 2억 9,000만 원과 본인 실투자금 1억 1,000만 원에 월 이자 80만 원을 내고도 50만 원이 남았다. 거기다 집값은 그 후 5억 8,000만 원까지 올랐다.

상균 씨와는 그 뒤로 인연이 되어서 오피스텔 분양권에 투자해 많은 재미를 보았다. 그다음에는 급매로 나온 아파트를 두 곳이나 계약했다. 오피스텔은 시세차익을 보고 팔아 주었고 전철역 부근 아파트를 급매물로 계약해서 월세로 놓았다. 그리고 얼마 전 추가로 샀던 오피스텔을 보증금 3,000만 원에 월 임대료 100만 원으로 임대를 주었다.

상균 씨는 중소기업을 운영하고 있고 여유자금은 있는데 시간이 없어서 투자를 하고 싶어도 못 하는 상황이었다. 그의 투자는 지금도 진행형이다.

나도 처음에는 부동산 투자에 대해 전혀 모르는 상태에서 시작했다. 아무것도 몰랐던 상태에서 돈을 벌 수 있었던 것은 제대로 된 부동산 전문가를 만났기 때문이다. 물론 운도 따라 줘서 돈을 굴릴 수 있었다. 본인의 결정이 최종 당락을 좌우한다고 하지만, 내가 투자하고자 하는 곳을 잘 모르는 경우 실패한 사례를 많이 본다. 그래서 부동산 경험이 많은 전문가를 멘토로 선택하는 것이 아주 중요하다.

오래전 사기를 당한 적도 있었다. 지금도 그때만 생각하면 자다가도 벌떡 일어날 만큼 화가 난다. 잠실 진주아파트를 경매로 낙찰 봐 주면서 친해지게 된 사람이 있었는데, 명절 때마다 선물을 보내오면서 살갑게 굴었다. 근린상가도 이미 공동투자를 했기 때문에 사기를 칠 것이라고는 생각을 못했다.

당시 남편이 롯데월드 상가 점포 두 곳을 운영하고 있던 터라 상가에 대해서 관심이 높았다. 잠실 롯데타워 부지가 오랫동안 공터로 비어 있을 때였다. 당시 롯데타워 부지에 빌딩을 짓는데, 그녀의 남편이 지인과 짜고 있지도 않은 함바집(건설현장 식당을 일컫는 말) 운영권을 만든 것이었다. 그렇게 나는 2억 원을 고스란히 날려 버렸다. 그동안 같이 공동투자도 했었고, 수익도 내 주었던 사람에게 크게 당한 것이다.

믿었던 사람에게 당하니 견디기가 너무 힘들었다. 그녀를 용서할 수 없었다. 민사소송을 한 결과 그녀의 남편은 10%, 그리고 같이 사기를 친 지인은 90%를 나에게 배상하라는 판결이 나왔다. 내 돈을 다 날렸건만 형사소송은 무혐의였다. 너무 약이 올랐다. 2년에 걸쳐서 받은 돈은 겨우 2,000만 원이었다. 그것도 주면서 형편이 어렵다고 깎아 달라는 것이었다. 어처구니가 없었다. 결국 나머지 돈은 받지 못했다.

나는 '누군가에게 자문이라도 받았더라면 좋았을 걸!' 하고 후회했다. 내 판단을 믿고 투자했던 것이 큰 실수였다. 주변에 전문가들이 넘쳐 났었는데도 아무것도 모르면서 잘난 척하다 큰코다친 경험이었다.

부동산은 본인의 결정이 당락을 좌우한다. 하지만 잘 모를 때는 꼭 전문가에게 조언을 구해야 한다. 부동산에 대해 정확히 알고 투자하는 경우도 많지만 모르고 잘못 투자하는 경우도 많다. 내가 운영하는 네이버 카페 〈30대를 위한 부동산 투자 연구소〉를 방문해 질문 글을 올리거나 나의 연락처인 010.9600.4984로 조언을 구한다면 부동산 전문가로서 도움이 되는 답변을 줄 것이다. 전문가의 조언에 따라 신중하게 결정한다면 얼마든지 양질의 투자처를 찾을 수 있을 것이다.

PART 2

아는 만큼 돈 버는
부동산 투자가
진짜 투자다

부동산 투자가
진짜 투자다

부동산은 우리가 살아가는 데 꼭 필요한 자산이다. 그것을 어떻게 선택하느냐에 따라 풍요로운 생활을 누릴 수도 있다. 누군가는 투자할 돈도 없는데 어떻게 부동산에 관심을 갖느냐고 반문할 수도 있다. 그러나 돈을 버는 흐름만 제대로 파악한다면 얼마든지 부동산 투자를 할 수 있다.

특히 부동산 같은 경우는 본인이 가지고 있는 자금뿐만 아니라 대출을 활용해 본인의 자본보다 더 큰 부동산에 활용할 수도 있다. 그것이 바로 '지렛대 효과'다. 이제는 주먹구구식 투자 방식에서 벗어날 때다. 부동산에 꾸준한 관심과 노력을 기울인다면 금광에서 금을 캐낼 수도 있을 것이다.

한번은 남편의 후배에게서 연락이 왔다. 후배는 신용정보회사에서 채권추심을 맡고 있는데, 가끔 급매물이나 발 빠르게 처리해야 할 부동산들이 간혹 나온다고 했다. 얼마 전 대치동 오피스 밀집지역의 상가가 나왔는데 서류를 보니 내용이 아주 복잡했다. 그동안 여러 번의 소송에서 매도인이 승소하기도 하고, 어떤 때는 현 임차인이 승소하면서 시간을 끌고 있었다. 그러나 상가 위치도 좋고 오피스 내의 1층 상가로 없어서는 안 될 자리였다.

사연은 이랬다. 분양 당시 분양회사에서 현 임차인에게 분양을 했는데 잔금을 치르지 못하면서 소유권을 회사에서 가져간 것을 현 소유자가 다시 분양회사에서 분양받은 것이었다. 무려 항소, 항고, 재항고를 하면서 최종적으로 판결이 난 상가였다. 게다가 판결이 났지만 서류상에 현 임차인이 소유권 이전 금지 가처분을 신청한 상황이었다. 판결문을 가지고 가처분을 말소하는데도 시간이 꽤 걸렸다. 상가를 손님에게 사 주면 명도 소송까지 마무리해 줘야 하는 터라 복잡했다.

현 임차인은 전 분양자로서 잔금도 안 내고 장사를 할 정도니 보통 배짱은 아닌 사람이었다. 서류가 복잡해서 그렇지 목은 좋은 곳이라 투자자는 하자 없이 처리해 주면 바로 계약을 하겠다고 했다. 만일 투자자가 이런 내용을 파악하지 못했더라면 놓칠 물건이었다. 그렇게 다른 부동산과 공동중개로 가처분말소와 명도소송을 내가 책임지는 조건으로 계약을 진행하기로 했다. 판결문만도 두 권이나 되었다.

계약 진행을 하기로 한 부동산에서는 매수하는 내용을 현 임차인에게 비밀로 해 달라고 부탁했다. 임차인이 해코지할까 봐 무척 무서웠던 것이다. 만약 이 사실을 알면 자신을 가만두지 않을 거라고 걱정했다. 나는 임차인이 악질이면 더한 악질을 명도할 때 보내면 된다고 걱정하지 말라고 안심을 시켰다. 명도하기 전 매도인에게 임차인이 집으로 찾아오더라도 만나지 말라고 당부했다. 임차인이 봐 달라고 사정하다 보면 매수인과 명도해 주는 약속 날짜를 못 맞출 수도 있었기 때문이다. 이미 사전에 여러 번 나가 달라고 부탁을 드렸고 현 임차인은 권리금이라도 받을 요량으로 시간을 끌고 있었다.

얼마 후 명도를 진행했다. 현 임차인은 명도 전날 두꺼비집 연결선부터 전기선들을 모두 다 끊어 놨다. 전기선만 연결하는 데도 매도인이 몇백만 원을 물어줘야 했다. 현 임차인은 본인이 했던 행동은 생각하지 않고 명도하는 사람이 악독하다고 지독한 놈이라고 혀를 내둘렀다고 한다. 그렇게 해서 매수인은 좋은 위치에 상가를 획득할 수 있었다. 그곳은 서류가 복잡한 관계로 시세보다 훨씬 싸게 구입을 했다. 당시 매매가보다 1억 원 이상을 벌었다.

부동산은 아는 만큼 돈 버는 방법이 보인다. 부지런히 발품을 팔고 부동산 재테크 방법을 공부한다면 충분히 투자할 곳이 있다. 그리고 내가 모르는 부동산은 거들떠보지 않는 경향이 있는데 두루두루 보라고 권하고 싶다. 전문가의 의견에 따라서 위의 사례처럼 좋은 물건을 획득하는 경우도 많다. 어떤 사람은 평생 전셋값 오르는 것만 좇아다니다 부동산 근처에도 못 가 보는 경우도 있다. 돈이 없는 사람일수록 더욱 부동산에 관심을 갖고 공부해서 안목을 키워야 한다.

최민기 씨는 정형외과에서 일하는 월급쟁이 의사로, 부동산에 전혀 관심이 없는 사람이었다. 원래 부산에서 거주했던 그를 처음 본 것은 홀로 계신 어머니를 위해 용인으로 이직을 하면서였다. 내가 전세로 아파트를 얻어 주면서 인연을 맺게 되었다. 그의 아파트 임대 만기가 되어 갈 무렵, 나는 임대금에 조금 보태서 매매로 살 것을 권유했지만 그는 시큰둥해했다. 부동산과 본인은 안 맞는다는 것이다. 사는 것마다 가격이 떨어져서 더 이상 관심이 없다고 했다. 그래도 나는 계속 아파트를 사라고 권유했다.

어느 날 그가 사는 아파트 단지 내에 급매물이 나왔다. 그날도 민기 씨는 별로 탐탁지 않아 하며 별로 생각이 없다고 했다. 나는 급매물은 이전 비용을 제하고도 남는 장사인데 왜 안 하냐며 신중히 생각해 보고 전화를 달라고 했다.

마침내 다음 날 민기 씨에게서 계약을 하겠다는 연락이 왔다.

급매물이었지만 사정이 매우 복잡한 집이었다. 신용카드, 의료보험, 재산세 등 가압류만 15건이었다. 나는 내가 문제없이 해결해 주는 조건으로 계약을 진행했다.

매매를 진행하면서 계산을 해 보니 매도자에게 잔금으로 쥐어지는 돈은 몇천만 원 정도였다. 그래서 나는 단호하게 소유권 이전을 먼저 하고 진행하자고 했다. 매도인은 돈도 안 주고 소유권 이전을 하는 게 어디 있냐며 노발대발했다. 간신히 매도인을 설득한 뒤 등기를 먼저 넘겼다.

그런데 우려했던 일이 벌어졌다. 가압류가 들어온 것이다. 천만다행인 것은 등기이전을 한 다음에 들어왔다는 것이다. 정말 한 끗 차이였다. 그렇게 해서 매도인은 가압류로 날릴 뻔한 돈을 날리지 않고 이사를 가는 데 보탤 수 있었고, 매수인은 좋은 아파트를 싸게 살 수 있었다.

그야말로 막다른 골목까지 간 상황이었다. 만약 소유권 이전을 안 하고 매매를 진행했더라면 중개사의 책임도 있었다. 이렇듯 부동산 중개는 늘 위험이 도처에 도사리고 있다. 공인중개사 자격증만 땄다고 능사가 아니다. 많은 경험을 쌓지 않으면 무모하게 계약을 진행하다 일을 그르치는 경우를 주변에서 많이 봐 왔다.

민기 씨는 본인이 거주하면서 자연스럽게 아파트 시세를 알게 되었고 급매라는 사실을 알았기 때문에 투자를 할 수 있었다. 당시 매매가는 4억 8,000만 원이었고 매수가격은 4억 5,000만 원이었다. 현재는 5억 9,000만 원 정도까지 올랐다. 이후에도 나는 싸게 나온 30평대 아파트를 권유해서 임대로 놓고 매수해 줬다. 그리고 얼마 후 60평대 아파트를 급매물로 매수해서 월세로 놓았다. 이렇게 관심이 없었어도 알고 있던 지역이었기 때문에 쉽게 판단하고 좋은 결과를 얻은 것이다.

지금도 눈으로 보이는 곳은 아니더라도 개발되는 상황에 따라 부동산 투자가 가능한 지역이 무수히 많다. 몰라서 그냥 흘려버리는 것이다. 은행 경매에 들어가기 직전 가끔 부동산에 물건이 싸게 나올 때도 있다. 이런 경우는 바로 대기하고 있던 손님을 연결해 준다. 가끔은 은행에서 부실채권으로 경매에 넘기기 직전 부동산에 물건을 살짝 준다. 이것이 전문가의 정보력이다. 지금도 잘만 찾아보면 좋은 부동산 투자처가 곳곳에 있다. 잘 아는 지역이 아니라서 판단을 못하는 경우도 많다. 지금은 정보화시대다. 컴퓨터만 켜도 한눈에 어느 정도는 파악이 가능하다. 직접 발품을 팔다가 몰래 숨겨 놓은 물건을 싸게 획득하는 경우도 비일비재하다.

다음은 부동산 투자에 실패한 사례다. 김경진 씨는 평소 부동산에 관심이 많았다. 평소 부동산에 수수료 주는 것을 무척 아까워하던 그가 어느 날 기쁨을 감추지 못하고 나를 찾아왔다. 경매로 상가를 낙찰받았는데 세 번 유찰된 것을 본인 혼자 신청해서 낙찰을 받았다는 것이다. 그래서 시세차익을 보기 위해 팔아 달라고 요청했다. 그런데 내가 그곳에 임장을 가 보니 잘못 낙찰한 것을 알 수 있었다. 상가 위치는 변두리의 지하였고, 단독이 아니라 지분상가였다. 거기다 장사가 잘 안 돼서 몇 군데 말고는 거의 점포가 다 빠진 죽은 상가였다. 가격이 싸다 보니 시장조사도 없이 덜컥 낙찰받은 것이다.

이처럼 상가는 의외로 분양 당시보다 가격이 터무니없이 내려간 곳이 많은데 경진 씨는 분양가 대비 싼 것만 생각하고 입찰을 본 것이다. 상가는 특히 더 조심해야 한다. 다른 부동산보다 주변 환경에 아주 민감하고 붙어 있는 상가라도 돈 되는 상가와 안 되는 상가가 갈린다. 의외로 주변에 경진 씨처럼 투자했다 실패를 본 사례가 많다.

살아가면서 돈은 꼭 필요하다. 그러기 위해서 부동산 투자는 중요하다. 그런데 방법을 잘 모른다. 그래서 나는 보통 환금성이 좋은 것에 투자하라고 설명해 준다. 초보투자자일수록 인근 부동산 중개업자나 전문 컨설턴트와 친분을 쌓아서 자문을 구하는 게 훨씬 빠르게 성공하는 방법이다.

부동산을 알면
돈이 보인다

내가 가장 여유롭게 보냈던 시간은 뉴질랜드에서의 2년이다. 당시는 하루하루에 감사했고 매 순간이 즐겁고 행복했다. 지금도 그 시절로 돌아가고 싶냐고 내게 물어본다면 대답은 언제나 '예스'다. 그곳에서의 2년은 언제나 나를 가슴 뛰게 했고, 다시 학생으로 돌아간 나는 항상 열정적이었다. '내가 언제 풋풋한 청춘들과 서로 이름을 부르면서 즐기겠는가!' 그곳에선 학생으로 언제나 내 이름이 불렸고 20년을 넘나드는 나이 차이를 극복하고 어린 학생들과 곧잘 어울렸다. 그곳에서 차로 20분만 달리면 바다와 닿을 수 있었다. 나는 바다만 바라만 보고 있으면 아무 생각이 안 날 만큼 행복했다. 내가 그렇게 바다를 좋아하는지 그때 알았다. 당시 나는 일요일마다 새로운 바다를 보기 위해 지도를 보며 찾아다녔다. 바다는 가는 곳마다 아름다웠고 아이들도 무척 좋아했다. 항상 그립고 다시 가고 싶은 곳이다.

지금 돌아보면 한순간도 일을 멀리해 본 적이 없었다. 쉼표 없이 달려왔고 그렇게 해야만 살아갈 수 있었기에 불평도 꾀도 부릴 줄 몰랐다. 무언가 열심히 하지 않으면 도태되는 느낌이었고 살아남을 수 없을 것만 같았다. 나는 뉴질랜드에 가기로 결정했던 것이 정말 잘한 일이라고 생각한다. 그곳에서의 경험을 통해 돈이 충분히 있어야만 좀 더 즐거운 삶을 영위할 수 있다는 것을 깨달았다. 만약 뉴질랜드에 가지 않았더라면 한국에서 막연히 꿈에 젖어 더욱 간절히 어딘가로 이민을 떠나기 위해 발버둥 쳤을 수도 있다.

내가 뉴질랜드로 갔던 이유는 아이들을 잘 키우는 게 첫 번째 목적이었지만 그다음은 여동생과 더 이상 엮이고 싶지 않아서였다. 나에게는 여동생이 둘 있다. 한 명은 나를 너무 힘들게 했고, 또 한 명은 아주 착하고 생활력 강하며 돈을 허투루 쓸 줄 몰랐다. 나는 전자로 인해 경제적, 정신적으로 피해를 많이 입었다.

신혼 초, 경제적으로 윤택할 때도 동생은 틈만 나면 손을 벌렸고, 파리 유학비용에 나중에는 내 카드까지 손댈 정도로 나를 힘들게 했다. 동생은 파리 유학 후 코디네이터와 메이크업 일을 하면서 돈을 빌려주면 월급을 받아 갚겠다고 했지만 그것으로 끝이었다. 물론 친정 누구에게도 손 벌릴 곳이 없어서 나에게 부탁했겠지만 계속 이런 일이 반복되자 나는 스트레스에 시달려야 했다.

나중에는 형편이 어려워진 동생이 안타까워 옷 가게를 차려줬지만 이틀이 멀다 하고 문을 닫기 일쑤였다. 가족들은 내 아이들을 돌봐 준 값으로 생각하라며 대수롭지 않게 여겼다. 결국 나는 투잡을 뛰는 처지가 되었다. 내가 부동산 사무실에 직원으로 나가면서 동생이 가게 문을 열지 않으면 퇴근 후 가게를 봐 줘야 했다. 그리고 일주일에 두세 번씩 새벽에 도매시장에 옷을 떼러 갔다가 출근해야 했다.

그렇게 동생에게 준 돈이 1억 원이 넘었다. 지금은 돌아가신 엄마가 이제는 그냥 용서해 주고 동생으로 받아 주라고 간곡히 부탁해서 겨우 다시 왕래를 하게 되었다. 그 후 동생은 나에게 본인이 설계사로 근무 중인 삼성생명에 와서 교육을 받으면 교육비도 주고 돈도 얼마씩 갚겠다고 했다. 당시 나는 셋째 아들을 낳고 쉬고 있을 때였다. 차츰 몸이 근질근질했던 터라 빌려준 돈도 받을 겸 삼성생명에서 설계사 교육을 받게 되었다.

나는 설계사로서 정말 열심히 뛰어다녔다. 처음에는 교육만 받고 와야지 했던 것이 2년을 넘게 다녔다. 남들 다 쉬는 토요일 오후에도 대출과 저축상품 전단을 500장씩 복사해서 아파트 단지

마다 붙이고 다녔다. 나중에 경비아저씨가 다 떼어 내거나 찢어버리면 다시 붙이곤 했다. 이러한 노력 끝에 아파트 부녀회장과 6개월 단위로 정식계약을 하고 전단을 우체통에 넣게 되었다. 그렇게 하면서 대출도 받게 해 주고 저축성보험도 들어 주면서 보험계약을 늘려 갔다.

그것 말고도 매일 경찰서, 가락동 시장, 법원 등 사람들이 바빠서 움직이지 못하는 곳은 내가 직접 뛰어다녔다. 당시 노트북을 들고 다니면서 미래설계에 대한 프레젠테이션도 같이 해 줬다. 남들과 다른 방식으로 영업을 하니 내가 사정할 필요 없이 고객은 자연스럽게 늘어났다. 이렇게 나만의 보험영업 계획을 세운 덕분에 결과도 좋았다. 남들은 한 번도 받기 힘든 연도상을 두 번이나 받은 것이다.

그즈음 여동생이 또 한 번 사고를 쳤다. 내 이름과 막냇동생 이름으로 카드를 여러 장 만들어 쓴 것이다. 당시 주민등록번호만 알면 카드를 동생 집으로 받을 수 있었던 것을 악용한 것이다. 카드사를 다니면서 내가 카드를 만든 게 아니라 도용당한 거라고 해명을 하고 다녀야만 했다. 그리고 정리가 어려운 것들은 내가 돈을 주면서 해결해 나갔다. 그로 인해 신용에도 문제가 생겼고, 모든 것이 지긋지긋해졌다.

이것이 뉴질랜드를 가게 된 두 번째 이유다. 그렇지만 삼성생명에서의 2년은 나에게 또 다른 경험의 장을 만들어 주었다. 많은 사람들을 만나면서 부동산 일을 하는 데 있어 돈을 버는 방법들을 폭넓게 익힐 수 있었다.

나는 뉴질랜드에 가면 부동산 일을 해 보고 싶었다. 가장 잘 알고 손쉽게 접할 수 있을 거라 생각했다. 투자 이민을 결정한 뒤 '내가 잘하는 게 뭘까?' 곰곰이 생각했다. 그동안 살아온 나를 돌아보니 역시 부동산밖에 없다는 생각이 들었다. 나는 바로 랭귀지스쿨에 등록했다. 아이들 셋을 아침저녁으로 실어 나르면서 도시락 8개를 쌌다. 그리고 정말 열심히 영어 공부를 했다. 학교 잔디를 걸으면서도, 운전하면서도 영어단어만 외울 정도였다.

어느 날, 뉴질랜드에서 한 달 렌트비로 나가는 돈이 너무 아깝다는 생각이 들었다. 당시 월 150만 원 정도가 나갔다. 그래서 집을 사기 위해 열심히 보러 다녔다. 뉴질랜드는 한국처럼 부동산에 연락해서 집을 보는 게 아니라 부동산과 집을 팔 사람이 계약서를 작성한 뒤 시간을 정하고 'OPEN 하우스'를 연다. 그래서 한국보다 부담 없이 집을 많이 볼 수 있다. 그렇게 돌아다니면서 본 집이 100채가 넘었다. 주변에서 주택 경매를 하면 직접 가서 참여하기도 했다. 한국처럼 법원으로 달려가는 게 아니라 그 주택 앞에서 경매장이 열린다. 직업은 못 속인다고 나는 그런 것들이 무척 흥미롭고 재미있었다. 이렇게 뉴질랜드에서 집을 보러 다니면서 여러 번 계약 직전까지 갔다가 최종적으로 결정을 하지 못했다.

당장은 마음에 들어서 담보대출 등을 알아보기도 했지만 계약 직전에 내키지 않았다. 그렇게 하기를 여러 번이었다. 마음의 결정을 하고 사람들에게 의견을 물어보면 제각각 말이 달랐다. 누구는 좋다고 하고 누구는 단점만을 쏟아냈다.

지금은 그때 뉴질랜드에 집을 안 산 것이 참 다행이라고 생각한다. 만약 집을 샀더라면 그것을 정리하는 데 보냈을 시간 때문에 내 계획에 차질이 생겼을 수도 있었다. 그때 결정을 못 한 것은 내가 100번을 가서 집을 봤더라도 아직은 그곳에 대한 식견이 부족했기 때문이라고 생각한다.

그동안 내가 살아오면서 겪은 모든 것들이 부동산을 알아가는 방법이 되고 초석이 되었다. 나는 지금도 꾸준히 부동산 정보와 뉴스에 귀를 기울인다. 투자처에 대한 공부, 부동산 가치 파악, 정책 변화, 경제 변동 등을 꾸준히 지켜본다. 뭐 이렇게 할 게 많냐고 반문하는 사람도 있다. 그러나 첫 단추만 잘 끼운다면 이런 모든 것들을 알아가는 것은 천천히 하면 된다. 인터넷만 잠깐 뒤져도 나오는 것들이다. 그다음으로 중요한 게 현장답사다. 그리고 전문가들과 친하게 지내면 된다. 부동산은 항상 리스크가 따르기 때문에 백전백승은 없다. 그래서 오늘도 나는 부동산을 더 알기 위해 공부한다.

사고를 바꿔야
수익이 보인다

부자들의 습성은 언제나 한 발짝 먼저 나아간다는 것이다. 그리고 좋은 부동산을 먼저 선점한다. 물론 운이 좋아서 되는 경우도 있지만, 부동산 투자로 수익을 얻는 것은 수학 원리와 비슷한 것 같다. 어느 정도는 수학 공식에 맞게 따라가 줘야만 그 이후 발생하는 수익을 얻을 수 있다. 행동을 해야 운도 따르는 법이다. 저평가된 땅을 찾아다닌다고 과연 그것만이 길일까? 그렇지 않다. 그렇게 저평가된 땅만 찾아다니다 투자 원금도 못 건지는 경우를 많이 봤다. 부동산 투자는 사고를 먼저 바꿔야 한다.

박만식 씨는 연로한 땅 부자로 내 사무실을 방문할 때마다 항상 땅 자랑을 늘어놓았다. 어디에 몇백 평이 있고 또 어디에는 몇천 평이 있다고 했다. 그분은 젊을 때 미리 여기저기 돈 되는 대로 땅을 사 놨다고 했다. 그래서 항상 당신 땅 있는 곳까지 구경을 가자고 하곤 했다. 물론 그 땅을 팔 생각이기도 하지만 80대의 노인이 부탁하는지라 차마 거절을 할 수 없었다. 그래서 늘 내 차로 모시고 가서 위치를 봐 드렸다. 만식 씨가 갖고 있는 땅은 용인 수지 서수지IC 근처였다. 땅의 지목은 임야였고 숲이 우거진 야산이었다.

땅의 평수는 5,000평 정도로, 그분은 평당 350만 원에 팔기 원했다. 당시 그 가격은 무리한 금액이었다. 평평한 야산도 아니었고 솟아오른 산에 나무가 울창하게 꽉 들어차 있었다. 그곳에 무엇을 하더라도 땅을 조성하는 비용만 엄청나게 나올 것이 분명했다. 나는 만식 씨에게 평당 200만 원 정도로 가격을 내려야 팔린다고 말씀드렸으나 그분은 전혀 그럴 생각이 없었다. 가격이 절충만 되면 살려고 하는 사람도 여럿 있었다. 나는 인도어골프장, 전원주택으로 분할해서 팔 사람 등을 연결했으나 잘 되지 않았다. 걸림돌은 역시 가격이었다. 그렇게 만식 씨는 오랫동안 갖고 있던 땅에서 한 푼도 만져 보지 못한 채 얼마 전 세상을 떠났다. 그것도 전화가 결번이 되어 궁금하던 차에 아들이 방문해서 소식을 전해 줘서야 알게 된 것이다.

사람들은 당장 눈앞의 이익에 어두워 미래도 읽지 못하는 경우가 많다. 이를 미처 알지 못해 엄청난 손해로 돌아오는 것을 자주 본다. 고집불통인 사람들은 다른 사람보다 본인이 훨씬 많이 안다고 생각한다. 결론부터 짓고 남의 말을 귀담아듣지 않는 경우도 있다. 그리고 조언을 하면 기분 나빠하는 경우도 있다. 부동산 투자는 남의 말도 경청하는 자세가 필요하다.

호주로 이민한 강수영 씨는 오랫동안 타지에서 살다 보니 향수병이 생겨 한국으로 돌아오고 싶어 했다. 그렇지만 그곳에서 하고 있는 사업 때문에 바로 올 수 있는 상황은 아니었다. 그는 내게 본인이 살 수 있는 전원주택지와 수익형 부동산을 찾아 달라고 부탁했다. 얼마 후 한국을 찾은 수영 씨와 3박 4일 동안 물건을 보러 돌아다녔다. 그러면서 그가 살 만한 물건들의 폭을 좁혀 갔다. 수영 씨는 나중에 본인이 들어와서 살 예정이라 전원주택단지가 형성되어 있고 주변 경관이 좋으며 교통이 편리한 곳을 원했다. 마침 경치가 수려하고 주차장까지 이미 옹벽을 쌓아 놓은 택지를 발견해 쉽게 매입할 수 있었다.

반면 수익형 부동산은 고르는 데 시간이 많이 소요되었다. 전원주택지는 바로 계약을 했지만 수익형 부동산은 계약을 못한 채 출국해야 했다. 2년 후 수영 씨는 다시 입국을 해서 수익형 부동산을 샀다. 당시 상가주택을 계약했는데 그전에 봤던 물건보다 딱히 좋은 것은 아니었다. 물론 지금은 전원주택지도 상가주택도 가격이 많이 올랐지만 2년 전 브리핑한 부동산은 훨씬 많이 올라 있었다. 그가 한국에 살았더라면 알 수 있었을 상황을 판단하는 데 시간이 필요했던 것이다. 그리고 2년 후 시장흐름을 알게 되었지만 그때는 이미 원하던 것은 계약이 끝나서 주인이 바뀐 상태였다.

부동산은 흐름에 따라 움직이는 패턴이 있다. 정부의 정책에 따라 향방이 바뀔 때도 있고 어떤 때는 국토종합개발계획에 따라 미래를 예측할 수 있다. 하지만 주의할 점은 발표되었다가 취소되는 바람에 아파트 가격이나 땅값이 폭락해 울상을 짓는 경우가 많다는 것이다. 부동산을 묻지마식으로 투자하는 시대는 지났다. 정확한 정보와 시장조사가 먼저다. 그리고 정확한 정보를 알려 줄 수 있는 전문가의 조언을 무시하면 안 된다.

우병진 씨는 땅에 대한 관심이 많았고 많은 땅을 보유하고 있었다. 그는 좋은 땅을 샀어도 오래 가지고 있지는 않았다. 그곳에 무엇을 하면 좋을지를 먼저 생각한 뒤에 구입해서 어떤 때는 예쁘게 토지를 정리해서 팔기도 하고, 때로는 쪼개서 전원주택지로 분양하기도 했다. 그는 땅을 보는 데 있어서는 전문가였다.

그러던 병진 씨가 어느 날 유치원 부지를 찾았다. 보통은 아파트에서 가까운 곳에 어린이집이 있을 거라 생각하지만 요즘은 트렌드가 완전히 바뀌었다. 규모가 작으면 학부형들에게 인기가 없다. 그러다 보니 거리가 좀 있더라도 아이들이 안전하게 놀 수 있고 조용하며 시설이 좋은 곳을 선호한다. 거의 한 가정에 아이가 한 명씩이라 이러한 어린이집이 더 잘되는 추세다. 그렇게 현재 추세에 맞게 어린이집을 지어 성공한 사람을 많이 봤다. 어린이집을 지을 만한 곳의 대지는 넓어야만 가능한데, 목이 좋은 곳은 땅값이 비싸서 수지타산이 맞지 않다 보니 조금 안쪽으로 들어와 지을 수밖에 없다. 어린이집은 교통이 닿을 만한 곳에 위치하고 아파트 단지들이 밀집한 곳이면 인기가 많았다.

나는 며칠을 찾은 끝에 좋은 곳을 발견해 병진 씨에게 추천해 주었다. 그곳은 아파트 단지에서 좀 떨어진 곳이었다. 그는 며칠 동안 시간을 끌었다.

"박 사장님, 먼저 말씀드려서 선택권을 드린 건데 안 하신다면 다른 분이 산다고 합니다."

땅 주인은 빨리 결정하라고 나를 채근했다. 병진 씨에게 전후 사정을 설명했지만 설마 계약되겠냐면서 나를 애태웠다.

결국 다음 날 다른 사람이 계약을 하고 말았다. 병진 씨는 두고두고 "그걸 내가 샀어야 했는데."라고 말한다. 현재 그곳에는 번듯한 어린이집이 들어왔다. 새 학기가 시작될 때면 그곳은 지금도 서로 들어가기 위해 학부모들이 애를 태운다. 아르바이트생을 구해서 어린이집에 들어가는 추첨권을 받기 위해 동분서주하는 광경도 종종 봤다. 지금 그곳은 땅값도 엄청 올랐거니와 서로 눈독

들이는 자리가 되었다.

부동산 투자에 성공하려면 사고를 바꿔야 한다. 어느 누구도 부동산에 관한 결정을 대신해 주지 못하지만 생각의 차이로 손해 보는 경우를 종종 본다. 창조적 사고로 앞을 내다보는 안목을 키워야만 부동산에 좀 더 눈을 뜰 수 있다. 지금부터라도 부자가 되는 마인드를 배우고 사고를 전환해 보자.

부동산 투자의
키포인트를 잡아라

부동산 투자는 키포인트를 잘 알아야 한다. 저금리 기조 속에 현금을 조금이라도 가지고 있다면 한번쯤 부동산에 관심을 가지게 된다. 그러나 경험이 없는 사람은 투자의 포인트를 찾기가 여간 어려운 게 아니다. 그래서 처음 투자를 접하는 사람일수록 보수적으로 접근해야 손해를 피해 갈 수 있다.

큰딸의 소개로 알게 된 송원훈 씨는 ○○병원에서 꽤 권위 있는 분으로 부동산에 대한 지식은 별로 없었다. 당시 현금 30억 원 정도를 갖고 있었는데 매달 나오는 돈으로 평생 여유롭게 살기를 원했다. 그래서 괜찮은 물건이 있나 부동산을 찾아다녔지만 마땅

한 것이 없어서 지속적으로 찾는 중이었다.

원훈 씨는 빌딩에 대한 로망이 있었다. 어느 날, 용인서부경찰서가 들어오는 부근에 빌딩이 하나 나왔다며 다른 부동산에서 연락이 왔다고 했다. 그는 내가 한번 가서 현장 주변을 봐 달라고 부탁해 왔다. 그러나 내가 직접 가 봤을 때 그 주변 상권은 이미 죽어 있었다. 차후에도 그렇게 발전적인 곳이 아니었다.

빌딩은 유동인구도 많고 상권형성이 잘 되어 있는 곳에 위치해야 한다. 원훈 씨가 봐 달라고 한 곳은 아파트 밀집지역도, 빌딩들이 몰려 있는 곳도 아니고 그저 빌딩만 홀로 덩그러니 있었다. 그 빌딩은 10년이 지나도 안 될 자리였다. 그저 차량이 그곳을 통해 움직이는 통로일 뿐 상권이 형성될 만한 자리가 아니었다.

나는 다음 날 원훈 씨에게 자세히 설명을 했다. 그런데 며칠 후 좋은 빌딩이 나와서 연락을 했더니 그는 이미 앞서 이야기한 빌딩을 매입한 상태였다. 그 빌딩이 너무 마음에 들었다는 것이다. 정말 황당했다. 이미 결정을 한 상태에서 나의 의견만 들었던 것이다.

계약을 못한 것도 실망스러웠지만 빌딩 자리로 좋은 곳이 아니라고 이야기했는데도 그런 결정을 내렸다고 하니 기분이 좋지 않았다. 원훈 씨는 주변에 경찰서가 있어서 유동인구가 많을 거라고 부동산에서 이야기해 줬고 임대도 다 맞춰 준다고 했다며 변명했다.

몇 달 후 그에게서 다시 전화가 왔다. 당시 그 빌딩은 신축이라 임대도 안 맞춰져 있었고 대부분 공실이었다. 부동산에서 임대를 무조건 해 주는 조건으로 계약을 했는데 아직까지도 공실이라며 임대를 놔 달라고 요청했다. 그리고 몇 달 후 다시 연락이 왔다. 이번에는 원금보전만이라도 해서 팔아 달라는 것이다. 임대도 맞춰져 있지 않고 상권형성도 안 되어 있는데 누가 몇 십억 원하는 빌딩을 사겠는가? 그곳은 손님에게 브리핑할 수 있는 물건이 아니었다.

결국 원훈 씨는 엄청난 손해를 보고 더 이상 그곳에 가기도 싫다며 빌딩을 정리했다. 진심 어린 충고만 들었어도 돈을 날리지 않았을 텐데, 하는 아쉬움이 들었다. 그곳은 지금도 1층 상가가 공실이고 '임대문의'가 붙어 있다. 순진한 임차인이 장사하러 들어왔다가도 몇 달 안 가서 또 물을 먹고 나갔다. 사람들이 많이 다니지 않는데도 장사를 한답시고 덜컥 계약했다가 인테리어 비용만 홀랑 날리는 것이다. 그렇다고 그곳에 가서 피켓을 들고 '여기는 임대 들어오면 안 됩니다. 장사가 안 되는 곳입니다'라고 말할 수도 없는 노릇이다. 이 빌딩을 새로 산 주인은 처음 가격보다 대폭 저렴한 가격에 샀다며 엄청 좋아했을 것이다. 그러나 그 역시 판단을 잘못한 것이다.

위의 사례는 부동산의 키포인트를 정확히 보지 못한 경우다. 이런 일은 주변에서 어렵지 않게 찾아볼 수 있다. 땅을 치고 후회한들 금쪽같은 돈은 한 방에 날아가 버린 뒤다. 그러고는 뭐에 씌

었었나 보다는 둥, 정신이 나갔었다는 둥 하면서 합리화하곤 한다. 내 말을 안 들어서가 아니라 이렇게 조금만 주변을 읽을 줄 알았더라면 손해를 피해 갈 수 있었을 것이다.

내 친구 중 굉장히 야무진 친구가 한 명 있다. 그녀는 남편의 씀씀이가 커지면서 다투는 일이 잦아졌고 결국 얼마 전 이혼을 했다. 그녀는 다른 것은 다 참을 수 있어도 남편의 행동 중 용서가 안 되는 부분이 있었다고 한다. 애지중지 지은 집을 남편이 상의도 없이 임자만 있으면 싸게 주는 경우가 다반사였다는 것이다. 그녀는 지금도 본인이 지은 다가구에서 기거하다가 그게 정리되면 다른 곳으로 거처를 옮겨 다닌다. 그래도 지금이 남편이 있을 때보다 더 행복하다고 한다.

내가 그 친구를 좋아하는 이유 중 하나는 바로 추진력이다. 아직도 나는 돌다리를 두드린 다음에 결정하는 편이다. 그녀는 변두리 땅을 사서 원룸, 투룸을 지어 되팔고 거기서 시세차익을 본다. 나도 현장에 여러 번 가 봤지만, 내가 보는 시각으로는 '이런 곳에 왜 이런 걸 지을까'라는 생각이 든 적이 한두 번이 아니다.

여느 때처럼 그 친구에게서 경기도 광주 부근에 다가구를 또 하나 지었다고 연락이 왔다.

"너도 한번 팔아 봐라! 수수료는 왕창 줄 테니까."

"알았다. 집 팔면 반은 수수료로 주는 거지?"

나는 다가구가 나가기 어렵겠다는 말이 나오지 않아 우회적으로 수수료를 많이 달라고 하고 전화를 끊었다. 그리고 그 주에 현장에 나갔다. 나는 고객에게 브리핑할 마음이 없었다. 친구가 추구하는 것과 내 생각은 달랐다. 나는 여러 가지 여건을 보고 권하는 편인데 그곳은 많이 미흡한 곳이었다. 주변을 돌아보니 공장들이 군데군데 있었다. 이 친구가 본 것이 공장 밀집지역이었다. 그리고 다가구가 다른 곳보다 엄청나게 싼 것이 키포인트였다. 보통 20억 원은 줘야 사는데 친구가 본 것은 8억 원 정도였다. 거기다가 뜸을 들여서 팔 줄 아는 친구였다. 급하게 서두르지 않고 본인이 원하는 금액을 정해서 부동산 몇 군데에 내놓고 기다리면 어느 순간 다 팔렸다. 다가구는 임대만 맞춰져 수익률만 나오면 다른 것은 안 보고 덜컥 사는 사람이 많기 때문이다.

나는 아직도 전체의 흐름을 보기 때문에 선뜻 사라고 자신 있게 권하지는 못한다. 하지만 내 친구는 핵심을 잡고 여전히 아주 잘하고 있다. 아무리 땅값이 싸고 위치가 좋지 않더라도 그녀만의 생각으로 부동산의 부가가치를 높여서 파는 안목이 있는 것이다. 그래서 내 시각에서만 보는 것보다는 또 다른 시각에서 보는 점을 더 넓혀야 한다고 생각한다. 내가 알고 있는 게 다 옳다고 주장할 필요는 없다. 그녀는 다가구가 한 채씩 팔릴 때마다 수억 원씩 이익이 남는다고 했다. 그런데도 나에겐 아직 잘 와 닿지 않는다. 내가 걸어 본 길이 아니기 때문이다.

나는 지금까지 수많은 사람들을 만나 왔다. 그중에는 키포인트를 잘 잡아서 부를 축적한 사람도 있고 패가망신한 사람도 있다. 불구덩이로 들어가는 게 보이는데 정작 본인은 판단 미숙으로 헤어나지 못하는 것을 보면 참 안타깝다. 그들만 그런 것이 아니다. 나도 서브프라임 사태 이후 30평대 아파트는 무조건 권리금이 붙을 거라 생각하고 두 채나 계약을 한 적이 있다. 그러나 결국 수천만 원의 손해를 보고 말았다. 시장의 흐름을 알았으면서도 '30평대니까 괜찮겠지?'라는 안일한 생각에 손해를 본 것이다.

돈은 소중하다. 부동산에 투자하기 전에는 항상 주변 입지, 환경, 역세권 등 여러 가지를 각 지역의 특색에 맞게 따져 봐야 한다. 그것도 어렵다면 먼저 부동산을 몇 군데만이라도 들러 보라. 그리고 본인이 원하는 부동산에 대한 공부를 좀 더 한 뒤에 결정해야 한다.

부자들의 부동산 투자
노하우를 배워라

YG엔터테인먼트 양현석 대표가 SBS 〈힐링캠프〉에 나와 부동산 투자 노하우를 공개한 적이 있다. 그 노하우로 마포 일대를 자기 땅으로 만들었다고 하니 정말 대단했다. 그가 제일 먼저 한 일은 부동산을 잘 아는 사람을 찾아다니는 것이었다. 그는 현직 부동산 중개업자와 무려 7년 동안 식사를 하면서 노하우를 배워서 활용했다고 한다. 현재는 부동산 재벌로 거듭났으니 배운 대로 써먹은 덕을 톡톡히 본 아주 잘된 사례다. 부동산 투자에 정석은 없다. 수시로 습득하는 것이 최고다.

수년 전, 오래전부터 친분이 있던 한 고객에게서 다가구 물건을 의뢰받았다. 당시 매매가는 9억 5,000만 원이었다. 수익률이 10% 이상은 나왔던 것 같다. 그 다가구의 위치는 경기도 광주였다. 대지가 150평 정도 되었고 거기에 별도로 20평 정도의 시유지(시가 소유하고 있는 토지. 다가구나 주택을 보유한 자는 그 다가구와 접해 있는 시유지를 매수할 수 있는 우선권이 있음)가 도로와 주차장에 접해 있었다.

나는 다가구를 매매하기 위해 용인에서 광주까지 일주일에 여러 번씩 찾아갔다. 아무 문제가 없는 시유지가 매매의 걸림돌이었다. 대부분의 사람들은 시유지에 대한 지식이 없다 보니 나중에 문제가 될까 봐 꺼렸다. 물론 이미 체비지(토지 구획 정리 사업의 시행자가 그 사업에 필요한 재원을 확보하기 위해 환지 계획에서 제외해 유보한 땅)나 시유지에 대해 익히 알고 있는 사람은 일부러 그런 것들을 샀다. 하지만 그렇지 않은 사람들은 내가 아무리 나중에 나라 땅이고 당신이 살 다가구와 접해 있어서 우선권이 있다고 설득을 해도 미적거렸다. 나라에서 시세보다 더 좋은 가격으로 살 수 있다고 설명을 했는데도 잘 되지 않았다.

그 이후로도 광주 투어는 보름 정도 계속되었다. 수익률이나 위치가 마음에 들어서 계약할 것처럼 가면 매번 시유지에서 걸렸다. 그래도 나는 자신감을 갖고 계속 고객을 모시고 갔다.

어느 날 광고를 보고 연락해 온 고객과 현장을 보러 갔다. 고객은 물건을 보고 흡족해하면서 가격을 조금 조정해 주면 바로 계약하겠다고 했다. 그래서 9억 4,000만 원에 계약을 진행했다. 그는 시유지에 대한 정확한 정보를 알고 있었고 그가 살 다가구에 접해 있어서 유리하다는 것을 인지하고 있었다. 그래서 쉽게 계약을 할 수 있었다. 그곳은 시장 근처에 위치해 있고 버스정류장과 가까워서 생활이 편리했다. 또한 임대 걱정 없는 수익형 부동산으로 안성맞춤이었다.

부동산은 계속해서 노하우를 쌓아야 한다. 보이는 만큼만 부동산을 본다면 좋은 투자처를 많이 놓치게 된다. 요즘은 체비지인 경우 개인에게 저렴한 가격으로 분양을 많이 한다. 물론 분양이 안 돼서 미분양이 되는 경우도 있지만 좋은 투자처는 많이 있다. 좋은 체비지를 분양받으면 오히려 역으로 건설업체가 웃돈을 얹어서 산다고 광고를 내는 경우도 있다. 이렇듯 남이 못 보는 노하우를 배우면서 전문가의 조언을 귀담아들어야 한다.

내가 암 선고를 받기 얼마 전 일이다. 광교 신분당선 부근의 스트리트 상가가 한창 분양 중일 때였다. 상가는 같은 아파트 단지에 있어도 위치에 따라 가격 차이가 많이 난다. 당시 나는 한 고객에게 신분당선 바로 앞 상가가 위치도 좋고 역세권이라 나중에 투자 가치가 있으니 살 것을 권유했다. 가격이 6억 원이 넘었기 때문에 결정하는 데만 몇 날 며칠이 걸렸다. 그때가 마침 휴가

철이었는데 상가계약을 해야 하는 관계로 어디 여행을 갈 수도 없었다. 그들도 휴가를 맞춰 놓고 보는 중이어서 쉽게 결정을 못하고 마음이 왔다 갔다 했다. 휴가 가는 사람을 붙잡아 놓고 진행하니 그들의 마음이 붕 떠서 성사가 잘 진행되지 않았다. 그렇지만 나중에는 더 어렵겠다는 생각이 들어서 힘껏 밀어붙였다.

결국 가격을 깎아 주기로 하고 절충을 한 끝에 겨우 결정을 할 수 있었다. 오후 9시에 계약을 하기로 했는데, 고객의 친구도 덤으로 같이 계약을 성사시켰다. 당시 직원이 있어야 분양계약서도 작성하고 직인도 찍을 수 있어서 급하게 직원을 불러 계약한 시간이 밤 12시였다. 그렇게 어렵게 계약을 성사시킨 후 나는 온몸에 힘이 다 빠져 버렸다. 그리고 그들은 즐거운 마음으로 여름 휴가를 떠났다.

상가는 계약을 했다고 해서 끝나는 것이 아니다. 임대도 맞춰 줘야 하기 때문이다. 그러려면 유동인구도 많아야 하고 목도 좋아야 한다. 또 임차인이 누구인지에 따라 당락이 갈린다. 당시는 신분당선이 공사 중이어서 임대가 잘 되는 상황은 아니었다. 다행히 그 고객이 내 말을 잘 따라 주었기 때문에 보증금 5,000만 원에 월 300만 원으로 임대를 맞출 수 있었다.

문제는 고객의 친구가 분양받은 상가였다. 그는 임대가 계속 안 나가자 몹시 조급했는지 임대를 온 부동산에 다 내놓았다. 그리고 그 비싼 상가에 속셈학원을 내주었다. 1층에는 치킨집, 부동산, 카페 등을 임대로 주어야 한다고 누차 말했는데도 그는 듣지 않았다. 그 상가가 형성되는 데는 꽤 오랜 시간이 걸렸다.

한 번 입점을 잘못하면 상가를 살리기가 매우 힘들다. 고객의 친구는 나의 조언을 귀담아듣지 않았고 결국 엄청난 손해를 보았다. 만약 본인이 잘 모른다면 배워 나가는 자세가 꼭 필요하다. 요즘은 부동산 시장이 과열되어 무리하게 투자하는 경향이 있다. 부동산 투자는 제대로 배우고 써먹어야 한다. 그리고 상승 가능한 지역이 어디인지 꼼꼼히 따져 봐야 한다. 재개발지역, 토지거래규제가 곧 해제될 지역, 개발 예정지, 교통여건이 개선될 지역, 역세권이 될 지역 등을 눈여겨보면서 노하우를 키우자.

집이 없어도
부동산에 투자하라

"집이 없어도 부동산에 투자하라."고 말한다면 많은 사람들은 "아니, 집도 없는데 무슨 부동산이야?"라고 반문할 것이다. 집도 없고 먹고살기도 힘든데 어떻게 다른 곳에 신경 쓰냐며 말도 안 되는 소리를 한다고 짜증부터 낼 것이다. 이처럼 종잣돈이 있어야 부동산을 살 수 있다고 생각하는 사람이 대부분이다. 물론 좋은 부동산을 취득하기 위해서는 맞는 말이다. 그러나 내 주변을 보면 돈을 많이 들이지 않고도 종잣돈을 만들어 잘 굴리고 있는 사람들이 많다.

내가 박민정 씨를 알게 된 것은 10여 년 전이다. 그녀는 형편이 넉넉하지 않았던 상태로 당시 다가구 투룸에 살았다. 아들은 어렸고, 남편이 직장을 다니기는 했지만 한번씩 주식에 미쳐 재산을 날려 버린 게 수차례였다. 부부 싸움도 잦았다. 그래도 민정 씨는 틈날 때마다 내 사무실에 놀러 왔고, 그런 그녀와 이런저런 이야기를 하다가 가까이 지내게 되었다. 민정 씨의 집안 사정을 알게 되면서 그녀가 조금 측은해 보였다.

어느 날 그녀가 틈틈이 모아 놓은 2,000만 원으로 전세보증금을 올리고 월세를 줄여서 갈 만한 곳 좀 찾아 달라고 했다. 내가 아파트를 한 채 사라고 권유하자 그녀는 내 주제에 무슨 아파트냐고 반문했지만, 결국 나의 설득에 마음을 바꿨다. 2,000만 원으로 투자한 아파트는 용인 기흥에 위치한 대단지 아파트였다. 당시는 'KB국민은행시세표' 가격에 준해서 은행 대출을 해 줬는데 현 시세보다 시세표 가격이 훨씬 높았다. 대출금 2억 4,000만 원, 임대보증금 2,500만 원, 월 임대료 100만 원과 현금 2,000만 원으로 아파트를 살 수 있었다. 그 후 가격은 계속 올랐고 차익을 5,000만 원 정도 남길 수 있었다. 그리고 아파트 매매자금과 본인이 그동안 모은 돈으로 분양권을 여러 개 사서 거기서 또 차익을 남기면서 돈을 굴려 갔다. 민정 씨는 전혀 방법을 몰랐지만 부동산으로 돈을 벌고 싶은 욕심에 매일 부동산 사무소에 드나들면서 투자 노하우를 익힐 수 있었다.

　부자가 아니고 집이 없어도 관심을 갖고 부동산을 살펴본다면 틈새시장은 항상 열려 있다. 나는 부자들을 많이 만난다. 하지만 그중에는 몇 억 원이 아닌 몇 천만 원으로 투자하기 위해 발품을 파는 사람들이 많다. 다음은 집 없이 부동산 투자하는 방법이다.

✅ 집 없이 부동산 투자하는 방법

1. 청약통장 가입하기

2. 갭투자(매매가와 전세가의 차이가 크지 않은 아파트를 전세를 끼고 매입해 시세차익을 기대하는 투자)**하기 – 소형 아파트 위주**

3. 경매 사이트 꾸준히 보기

4. 분양 아파트 정보 파악하기 – 아파트투유(www.apt2you.com) **참조**

5. 오피스텔에 관심 갖기 – 수익률이 높고 역세권인 지역

6. 대한주택공사 사이트 보기 – 점포주택지, 단독주택지

　내가 아는 한 부부는 점포주택지에 주로 투자한다. 처음에는 분양권 투자만 집중적으로 하다가 한국토지주택공사(LH)에서 분양하는 정보를 보고 점포주택지를 신청했는데 당첨이 되었다. 보통 관심이 많은 곳은 하늘의 별 따기일 정도로 어렵다. 나도 청약을 열심히 신청하지만 아직 한 번도 된 적이 없었다.

　부부는 1억 원 이상의 차익을 남기며 점포주택지를 팔았고, 그때부터 점포주택지에 관심을 많이 가졌다. 아이가 셋인 그 부부가족이 모두 내 사무실에 들어오면 정신이 하나도 없을 정도다. 그들은 만성이 되었는지 아이들이 뛰어다니든 울든 별로 신경 쓰지 않고 본인 일에만 집중한다. 내가 아이들도 힘들 텐데 뭐하러 데리고 오냐고 묻자 그들은 "돈 버는 일인데 같이 데리고 다니는 게 더 좋아요!"라고 말했다.

얼마 전에는 고덕신도시 점포주택지를 두 개나 샀다. 그중 하나는 시세차익을 남겨 팔고 하나는 나중에 건물을 지어서 임대를 받을 생각이라고 한다. 그들은 점포주택지를 사기 위해 집도 팔았다고 했다. 돈은 보이는데 가지고 있는 돈이 적어 고민하다 결정했다고 했다.

사실 집을 팔고 부동산 투자를 한다는 게 그리 쉬운 일은 아니다. 막상 행동으로 옮기고 보면 별 게 아닌데 결정하기까지 쉽지 않다. 대부분의 사람들은 본인이 거주하고 있는 집은 융자가 있어도 경매에 들어가서 쫓겨날 때까지 부여잡고 있는 경우도 비일비재하다. 그 부부에게 더 놀라웠던 것은 부동산 투자에 집중하기 위해 아내가 공무원 생활을 그만뒀다는 것이다. 형편이 안돼서 직장을 그만둘 수 없었는데 부동산을 보러 다니면서 확신이 생겼다고 했다. 그리고 지금은 부동산 투자를 위해 이곳저곳 다니면서 많이 배우고 있다고 했다. 정말 대단한 부부다.

요즘 부동산이 대세이긴 하다. 내가 부동산 투자를 시작할 때만 해도 20~30대는 전혀 찾아볼 수 없었다. 거의 40대 이상이거나 50대였다. 그리고 어느 정도 경제적 여유가 있는 사람들이 주로 부동산에 투자했기 때문에 그들의 전유물인 것처럼 인식되었다.

요즘은 에코세대(베이비붐세대의 자녀들로 1979~1992년 사이에 태어난, 요즘의 2030세대에 해당)의 부동산에 대한 관심이 날로 뜨겁다. 상담문의를 하거나 방문하는 연령대도 많이 낮아졌다. 그들은 대부분 집을 갖고 있지 않다. 그래도 부동산 투자의 중요성을 절실히 깨닫고 열심히 공부한다. 그들은 보통 갭투자나 대출을 통한 레버리지효과(타인이나 금융기관으로부터 차입한 자본을 가지고 투자를 해 이익을 발생시키는 것. 지렛대효과라고도 함)를 많이 활용한다.

건설회사에 다니던 20대 김동준 씨가 나를 찾아온 것은 수년 전이었다. 그는 부동산에 많은 관심을 갖고 있었다. 종잣돈은 많지 않았지만 수익을 내는 부동산 투자를 하고 싶다고 했다. 그런데 어떤 물건에 투자해야 할지 도무지 결정할 수가 없어서 사무실에 찾아왔다가 인연이 되었다. 직원들은 벌써 분양권이나 아파트에 투자해서 수익을 보고 있는데 본인만 뒤처지는 느낌이라고 했다. 그가 가지고 있던 돈은 5,000만 원 정도였다. 부모님과 함께 생활하면서 크게 지출할 돈이 없어 수입은 고스란히 종잣돈으로 모으는 중이었다.

동준 씨에게 처음 투자를 권했던 것은 시세보다 저렴하게 나왔던 오피스텔이었다. 매매가는 1억 3,000만 원으로 융자 5,000만 원,

보증금 3,000만 원에 월 임대료 40만 원을 합하자 대출금 이자를 공제하고도 25만 원 정도의 이득이 생겼다. 얼마 전에는 오피스텔을 전세로 전환해서 보증금 1억 5,000만 원을 받았다. 그 후 원주기업도시 단독택지도 샀다. 그는 기업도시의 토지사용 시기인 내년 3월경까지 부지런히 돈을 모아서 직접 집을 짓고 싶다고 했다. 나는 돈을 많이 들이지 않고도 충분히 가능한 일이라며 어려운 일이 있으면 도와주겠다고 했다.

나는 동준 씨가 참 대견했다. '내 아이들은 아직 상상도 못 할 일을 하고 있구나!'라고 생각하면서 그를 다시 봤다. 젊은 사람이 기특하기도 하고 자식 같은 마음에 더 도와주고 싶은 마음이 컸다.

그가 원주기업도시 단독택지에 집을 짓는다면 월세 400만 원 이상은 받을 수 있을 것이다. 본인이 모은 돈으로 부동산을 차곡차곡 불려 가는 동준 씨의 미래는 정말 밝아 보였다.

이렇듯 집은 없어도 부동산에 먼저 투자하면서 조금씩 돈을 불려 나가는 경우가 많다. 물론 이것이 백 퍼센트 안전하다고 할 수는 없다. 특히 집도 없으면서 전 재산을 날리면 그 아픔은 몇 배로 밀려올 것이다. 어디나 꼭지는 있다. 괜히 오를 때로 오른 상투를 잡고 흔들어 봐야 답은 나오지 않는다. 그래서 부동산 투자는 열심히 지식을 쌓아야 한다.

부동산 투자,
아는 곳부터 투자하라

나는 직업상 수많은 사람들을 만난다. 부동산 투자에 실패해 거리에 나앉은 사람, 수십억을 날려 남편과 이혼하거나 부인이 자살한 사람, 우울증에 걸린 사람 등 많은 사람들이 부동산 사무소를 찾아와 어떻게 투자를 해야 할지에 대해 상담을 한다. 그리고 끊임없이 공부한다. 실패했어도 다시 일어설 수 있는 것은 역시 부동산이라고 생각하기 때문이다.

지금도 많은 사람들이 어디에 투자해야 할지 내게 자문을 구한다. 그들 중에는 벌써 많은 수익을 본 사람도 있고 손실을 본 사람도 있다. 그런데 놀라운 사실은 명품도 사 본 사람이 그 값어치를 알 듯 부동산도 해 본 사람이 더 관심을 갖고 빨리 판단을 한다는 것이다. 좋은 곳을 알려 줘도 좋은지 몰라서 시간을 허비하고, 또 그 지역을 잘 파악하지 못해서 피해 보는 경우를 많이 본다. 만약 지금 부동산 투자를 시작하려면 아는 곳부터 접근해야 한다.

얼마 전 한 고객에게서 전화가 왔다.

"여보세요. 혹시 땅 시세 좀 알 수 있을까요?"

"땅은 아파트와 달라서 정확한 위치를 봐야 알 수 있어요."

간혹 위치를 대충 이야기해도 부동산 중개업소라면 다 알 거라고 생각하는 경우가 있기 때문에 나는 이와 같이 설명해 드렸다.

"평택 현덕지구 부근 논 한가운데인데 시세가 400만 원 정도 되는지 대충이라도 좀 알 수 있을까요? 돈이 많이 없어서 그냥 믿고 40명이 같이 공통투자를 했어요."

이 고객은 이미 기획부동산의 꼬드김에 넘어가서 계약을 해 버린 상태였다. 계약을 하고 나서야 땅의 시세가 궁금해진 것이다. 이렇게 정말 이해할 수 없는 사람들이 주변에 정말 많다. 제일 먼저 임장을 한 뒤 충분히 생각하고 매수를 해야 하는데 순서가 뒤바뀐 것이다. 나는 그런 계약을 앞으로는 하지 말라는 당부와 함께 꼭 현장을 가 본 뒤 계약을 하라고 조언을 해 주며 전화를 끊었다.

경험이 없는 사람일수록 자신이 잘 아는 곳부터 시작해야 한다. 초보면서 실패하지 않는 투자방법 중 가장 좋은 방법이다. 잘 알고 있기 때문에 실패하지 않을 확률이 크고 지속적으로 관심을 가질 수 있기 때문이다. 그리고 사려고 하는 부동산마다 특성을 파악해야 한다. 아파트는 역세권과 학군, 배산임수형 땅인 경우는 도로망과 철도, 개발호재가 있는지 꼼꼼히 따져 봐야 한다. 신문에 '어느 지역이 대박 났다더라' 하는 소식에 무작정 투자를 하는 것은 대단히 위험하다. 호재가 있으니 사 놓기만 하면 시세차익을 볼 수 있다는 기대감이 있더라도 잘못하면 한 방에 갈 수도 있다. 정책의 변경으로 하루아침에 땅값이 내리고 매수세가 실종되는 경우가 있기 때문이다.

몇 해 전 부산에서 이사 온 한 고객이 용인 처인구의 미분양 아파트에 관심을 보였다.

"박 사장, 30평 아파트인데 미분양에 취득세도 다 내주고 전자제품도 옵션으로 넣어 준다는데 어떻게 할까?"

나는 속으로 얼마나 안 팔리면 다 끼워서 해 준다고 할까, 싶은 생각이 들었다.

"교통 편도 그렇고 학군도 그렇고 안 하시는 게 돈 버는 일이에요."

그런데 알고 보니 그 고객은 이미 영업사원과 통화해 결정을 내리고 나에게 의향만 물어봤던 것이다. 그 이후 아파트 가격은 마이너스로 떨어졌다. 수년이 지난 지금도 아직 미분양이 남아 있다. 고객은 아파트가 교통도 불편하고 매물로 내놨는데 나가지도 않는다며 애물단지가 되었다고 속상해했다.

분양권은 당장 초기자금이 많이 들어가지 않아서 쉽게 의사결정을 한다. 그러다 추후 잔금을 못 내서 힘들어하는 경우도 비일비재하다. 모르는 지역의 아파트 가격이 싸다고, 취득세를 지원해 준다고 매수를 결정하는 것은 절대 금물이다. 잘 팔리는 아파트를 무엇 때문에 옵션을 껴 주면서 좋은 조건으로 팔겠는가! 그게 바로 함정이다.

부동산 재테크 성공담을 유심히 살펴보면 대다수가 근접한 곳에 투자하고 관리한다. 위의 고객처럼 가격이 싸다고 모르는 지역에 투자하면 낭패를 보기 십상이다. 그러니 지속적으로 가까운 곳에 관심을 가져야 한다. 마트에 가듯 수시로 부동산 사무소에 들러서 정보도 얻고, 시간이 된다면 가끔 주변을 드라이브하면서 둘러봐도 좋다. 주변에 상권이 어떻게 형성되어 있는지도 눈여겨 봐 둔다면 부동산 투자 안목이 차츰 생길 것이다

윤찬수 씨는 임대로 수년 전 입주한 고객이다. 그는 용인에 오래 살았고 내 사무실에 자주 놀러 와서 매매시세도 알아보고 좋은 정보도 얻어갔다.

얼마 전 그로부터 연락이 왔는데 급매로 나오는 것이 있으면 이번 기회에 임대 생활을 졸업하고 싶다고 했다. 당시 그는 여유 자금이 많지 않았다. 본인이 임대로 있는 곳도 만기까지 여유가 있는 상태였다. 그래서 일단 전세 만기 시점이 남아 있는 매물을 찾아 주었다. 당시 전세금이 하늘 높은 줄 모르고 오르던 시기였다. 중요한 것은 본인이 가지고 있는 돈이 많지 않았고, 본인이 거주하고 있던 곳에도 전세자금 대출이 있어서 무리하게 비싼 집을 사는 것은 아니라고 설명해 주었다. 찬수 씨도 여기에 동의했다.

당시 그 아파트 브랜드는 B급에 로열층도 아니었다. 물론 여윳돈이 충분하다면 더 좋은 물건들은 많이 있었다. 그러나 몇천만 원으로 살 수 있는 아파트는 한정적이었다. 그래서 나는 매매가 4억 2,000만 원의 아파트를 전세보증금 3억 원, 융자금 5,000만 원, 실투자 금액 7,000만 원으로 계약을 해 주었다. 몇 년이 지나자 아파트 가격은 5억 원까지 뛰었고 전세금은 4억 원까지 올랐다. 당시 찬수 씨는 부족한 금액을 대출받아 만기시점에 간신히 입주할 수 있었다.

사람은 기회가 올 때 잡을 수 있는 용기가 있어야 한다. 대부분의 사람들이 잡아야 하나 말아야 하나 고민을 한다. 찬수 씨가 그렇게 빠르게 결정할 수 있었던 것은 무리하지 않았고 지역의 정확한 시세를 알고 있었기 때문이다.

부동산은 내가 찾아가서 얻는 정보로 70%는 파악할 수 있다.

잘 모르는 상태에서 투자해서는 안 된다. 나 역시 분석도 되지 않은 것을 손님에게 좋다고 브리핑할 수는 없다. 내가 계약을 하러 갈 때도 마찬가지다. 인터넷으로 공부한 내용과 실제는 다른 경우가 많다. 나는 손님들에게 브리핑할 부동산을 수시로 임장하면서 여러 번 탐색한다. 아무것도 모르면서 과감하게 투자하는 것은 삼가야 한다.

가끔 주변에 부동산 재테크를 계획한 사람들에게 가장 중요한 게 무엇인지를 물어보면 십중팔구는 정확한 정보라고 대답한다. 그런데 그렇게 대답한 사람들의 대다수도 불확실한 정보에 당하는 경우를 많이 봤다. 그래서 나는 정보 획득에 민첩하지 못한 사람들에게 간곡히 권하고 싶다. 가까운 곳부터 알고 투자해야 실패하지 않는다는 것을 말이다.

부동산에도
설익은 밥은 있다

내가 이학연 씨 부부를 안 것은 오래전이었다. 당시 그들은 이미 부로 가는 길을 알고 있었고 많은 돈을 벌어 놓은 상태였다. 그들이 부를 쌓은 것은 상가를 임대해 가게를 하면서 시작되었다. 그들은 좋은 위치의 상가에서 장사를 하면서 망해가는 점포만 임대로 얻었다. 그리고 점포를 살려서 권리금을 받고 되팔았다. 예를 들어 청량리의 생맥줏집이 대박이 나면 영등포에도 내는 식으로 부를 쌓아갔다. 하지만 그들은 사람을 잘 믿지 못했다. 그렇게 많은 돈을 벌었으면서도 부동산 투자에 대해서는 많은 고민을 했다. 그들의 마음은 이해가 된다. 피땀 흘려 일궈 놓은 돈을 투자

101

하는 건데 당연한 일이다.

학연 씨 부부는 당시 20억 원의 현금으로 부동산을 사고 싶어 했다. 당시 목동신시가지가 개발되고 있어 나는 오목교 부근의 땅을 권했다.

부부는 며칠을 고민하고 알아본 끝에 계약을 마쳤다. 당시 땅값이 평당 800만 원이고 매매가격이 20억 원이었으니 엄청난 금액이었다. 그런데 며칠이 지난 뒤 난리가 났다. 부부는 땅을 잘못 산 것 같다고 울상이었다. 빌딩을 사야 하는데 땅을 샀다며 후회를 했다. 충분히 값어치가 있다고 설명을 했는데도 막무가내였다. 결국 학연 씨 부부는 몇 달 만에 다시 땅을 되팔았다.

이후 그 주변은 하늘 높은 줄 모르고 땅값이 올랐다. 목동신시가지 아파트가 뻗어 나가면서 학원 밀집지역과 술집, 사무실 등이 끝없이 들어오며 땅이 없어서 빌딩을 짓지 못하는 상황이 되었다. 한순간의 실수로 부부는 복을 찬 것이다. 이렇게 잘못된 판단으로 아직 설익어 있는 부동산을 버린 꼴이 되었다. 그곳은 지금 평당 5,000만 원 이상을 호가한다.

부동산이 앞으로 어떻게 될지는 아무도 모른다. 그렇지만 예상은 할 수 있다. 조금만 시장의 흐름을 판단했다면 학연 씨 부부는 손에 쥔 것을 놓치지 않았을 것이다. 주변에도 '조금만 놔뒀다가 팔걸!' 하고 후회하는 사람들이 많다. 과거에도 그렇고 지금도 그렇다. 그것이 설익은 것인지를 모르고 있기 때문에 손해를 보는 것이다.

어느 날, 중소기업 사장인 임건호 씨에게서 수익형 부동산에 관심이 많다고 연락이 왔다. 당시 수익형 부동산을 찾다가 건호 씨에게 맞는 것은 오피스텔이라는 판단이 들어 이를 권했고, 어렵지 않게 계약할 수 있었다. 게다가 하나의 계약으로 끝나지 않고 현재 가진 돈으로 잘만 하면 나중에 많은 수익을 창출할 수 있다고 설명해 드리자 추가로 계약을 했다. 나는 그에게 돈을 많이 안 들이고도 역세권에 오피스텔을 사는 방법을 설명해 주고 여러 개를 사라고 권유했다. 건호 씨도 이에 동의하고 돈에 맞춰 열 곳을 계약했다.

계약하는 동안 그는 엄청나게 나를 괴롭혔다. 물건이 당장 안 나오면 왜 연락이 없냐고 난리였다. 그만큼 성격도 급했다. 나는 돈에 맞춰 월세와 전세를 병행해서 계약을 해 주었다. 당시 매매가는 9,000만 원, 전세가는 7,500만 원 정도였다. 건호 씨는 마지막 잔금을 치르고 고맙다며 나에게 식사를 대접했다.

그런데 한 달이 지났을 즈음 그에게서 전화가 왔다. 오피스텔을 다시 팔아 달라는 것이었다. 본인이 고액연봉자다 보니 소득세가 나가는 게 너무 아깝다고 했다. 정말 이해가 되지 않아 열심히 설득했지만 막무가내였다. 결국 다시 팔 수밖에 없었다. 이전비용과 본인이 지불한 부동산 중개 수수료를 제하고 두 달에 걸쳐서

다 팔아 주었다. 오피스텔로 손해는 안 봤지만 다 팔아서 고작 몇 천만 원이 남았으니 남는 장사는 아니었다. 그 이후 몇 달도 안 돼서 오피스텔의 수요가 늘더니 한 채당 3,000만 원 이상 올랐다. 부동산이 제대로 익을 때까지 조금만 기다렸더라면 소득세를 내고도 남았을 텐데, 하는 아쉬움이 들었다.

부동산은 항상 때를 기다려야 한다. 조금만 시간을 가지고 기다렸더라면 건호 씨는 수익을 낼 수 있는 상황이었다. 자신의 판단이 모두 옳은 것 같아도 그릇된 판단으로 손해 보는 경우를 많이 봤다. 부동산이 설익었을 때 정리하면 손해를 많이 본다.

손한기 씨는 부동산에 관심이 많았다. 사업체를 운영하면서 항상 여유자금이 있었다. 어떤 때는 본인이 직접 부동산을 구하러 발품을 팔기도 했다. 그러면서 부동산 투자로 아파트와 분양권 여러 개를 이미 나를 통해 계약을 맺었다. 한기 씨가 뭐든지 쉽게 결정하는 사람은 아니었다. 언제나 한참 고민을 한 후 결정했다. 분양권 아파트 하나를 계약할 때도 흔쾌히 수락한 적이 없었다. 항상 여러 번 생각한 후에야 결정을 했다. 그 과정이 쉽지는 않았지만 그런 일은 언제나 겪는 일이라 대수롭지 않게 생각했다. 한기 씨는 가끔 본인의 마음에 드는 부동산을 나에게 답사를 부탁해서 같이 가 보곤 했다. 그리고 내 의견을 수용해서 진행했다.

어느 날 한기 씨가 포천의 부동산이 급매로 나왔다면서 모텔과 땅을 같이 가서 봐 달라고 부탁했다. 그곳은 백운계곡 초입에서 조금 들어가면 있었는데, 토지는 언덕에 있었고 모텔은 모퉁이 뒤에 자리 잡고 있었다. 땅만 놓고 본다면 약간 언덕에 있어 좋으나 계곡과 너무 떨어져서 관광객이 선호하는 위치는 아니었다. 또 모텔도 몰려 있는 펜션들 중 홀로 떨어져 있는 것도 경쟁력이 떨어졌다. 나는 모텔이 너무 낡아서 리모델링 비용이 부담될 것 같다고 말씀드렸다. 부동산 투자에 자금이 너무 많이 들어가니 좀 더 기다렸다 하라고 조언했다. 한기 씨는 내 조언을 받아들였다.

얼마 후 둘 다 경매가 진행되었다. 그는 그곳을 좋은 시각으로 보고 있었기 때문에 무척 좋아했다. 당신이 사려던 가격보다 저렴하게 나온 상황이라 금방 거래가 될 거라고 생각했던 것이다. 그렇게 저렴하게 낙찰을 받을 수 있었다. 그러나 그곳은 아직도 설익은 땅이었다. 몇 년을 기다리다 이대로 땅을 놀리기가 그렇다고 돈을 들여서 토지조성을 했는데 비용이 꽤 들었다. 그렇게 몇 십억 원의 돈을 투자하고 펜션을 짓는 데도 많은 돈을 쏟아부었다. 아직 아무것도 진행되는 게 없는 곳에 수십억 원을 투자하고 묶여 있는 것이다. 땅을 산다고 다 시세차익을 남길 수는 없다. 특히 땅의 경우는 더욱 신중하게 접근해야 한다.

부동산은 여러 가지가 있다. 수익형 부동산에 관심이 있다면 임대가 들어오는 것만 생각하지 말고 그것으로 인한 시세차익도 볼 수 있는지 파악해야 한다. 토지를 볼 때는 현재 땅이 별로여도 나중에 투자가치가 있는지, 개발 계획이 있는지를 꼼꼼히 봐야 한다. 분양권 투자를 할 때는 그곳이 시장가치가 있는지 학군이 좋은지를 따져야 실패하지 않는다.

주변에서는 설익은 부동산으로 피해를 보면서도 정작 자신은 아니라고 고개를 흔든다. 내가 설익은 부동산을 보유하고 있어도 인정하고 싶지 않을 수도 있다. 부동산을 어떻게 투자하고 관리하는지에 따라 투자 수익은 상상할 수 없을 정도로 차이가 난다. 부동산 투자의 가치를 올리는 일은 누가 해 주는 것이 아니다. 본인 스스로 깨우치고 터득해야 한다.

따라만 해도
부동산 투자에 성공한다

내가 처음 부동산에 투자했던 것은 신혼 초였다. 아무것도 모르던 내가 부동산 투자를 할 수 있었던 것은 항상 부동산에 관심이 있던 주변 사람들 덕분이었다. 당시 나는 부동산 일을 하고는 있었지만 자세히는 몰랐다. 단지 직원들이 계약을 진행하는 것을 보면서 주변 상황을 대략 파악할 따름이었다. 처음엔 정확한 정보도 몰랐고 서류를 보는 것조차도 서툴렀다. 그래서 첫 투자는 남들이 하는 것을 따라 하면서 습득했다. 내가 지금 부동산 중개를 하면서 돈 걱정 없이 살 수 있는 것은 그때의 경험이 크다.

내가 부자들과 친해지게 된 계기는 큰딸 친구들의 학부형들 때문이었다. 그들이 나에게 구체적으로 어떤 도움을 준 것은 아니다. 당시 딸아이가 쇼트트랙을 했기 때문에 자연스럽게 같이 어울리게 되었다. 그들은 모두 대치동, 청담동, 서초동 등에 살았고 경제력도 나와는 비교할 수 없을 정도였다. 어떤 사람은 이천에서 골프장을 운영했는데 가끔 그곳에 가면 20kg 쌀가마를 하나씩 선물로 안겨 주기도 했다. 그럴 때마다 나는 은근히 기가 죽었다.

골프장을 구경한 후 사우나를 하고 돌아오곤 했는데, 어떤 때는 한 학부형이 갈비 한턱을 내기도 했다. 당시 식비로 100만 원 정도가 나왔으니 엄청난 금액이었다. 운동을 하는 아이들이라 정말 엄청 먹어댔다. 그렇게 이 사람 저 사람 돌아가면서 한 번씩 식사를 대접했다. 어떤 학부형은 호텔뷔페 식사권으로 아이들을 즐겁게 해 주기도 했다. 물론 나도 한 번씩 식사대접을 하긴 했지만 그렇게 큰돈을 쓸 정도로 간이 크지는 못했다. 나는 항상 평범한 식사를 대접했다. 돈을 벌기는 했지만 그때까지만 해도 나는 한 끼 식사로 그렇게 많은 돈을 낸다는 것이 불편했다.

그날도 운동이 끝난 뒤 식당에서 밥을 먹던 중이었다.

"주연 엄마, 이제 강남으로 이사하지그래?"

"그러게요, 아이들 학교도 옮겨야 하고…."

그때까지도 강남으로 가야겠다는 생각은 별로 하지 않았다. 아파트 가격이 얼마인지도 생각하고 있지 않았던 때였다. 그러나 그 이후, 나도 강남으로 가야겠다는 생각을 굳혔다. 부동산에 집부터 내놓고 일사천리로 팔아 버렸다. 그렇게 강남 입성을 순식간에 해치웠다.

대치동 청실아파트에 입주하면서 사람들이 왜 그렇게 강남으로의 입성을 꿈꾸는지 알 수 있었다. 어쩌다 택시를 탈 일이 있어 대치동으로 가자고 하면 기사들의 말투부터 달라졌기 때문이다. 그렇게 이사를 하고 얼마 지나지 않아 아파트 가격이 하늘을 뚫을 정도로 몇 배씩 오르면서 나를 기쁘게 해 주었다. '이거 정말 미친 거 아니야!'라고 생각하면서도 쾌재를 불렀다.

앞서 말한 학부형들이 나에게 이사 오라고 강요한 것은 아니었지만 내가 이사 갈 수 있는 여건을 만들어 준 것은 사실이다. 이렇게 부자 엄마들의 말 한마디를 무심코 흘려버리지 않았던 것이 또 한 번의 기회를 잡을 수 있는 전환점이 되었다.

신혼이었던 차서연 씨 부부는 둘 다 경찰이었다. 그녀는 내가 보험설계사로 근무하던 시절, 종신보험에 가입했다. 당시 내가 경찰서를 왔다 갔다 하면서 그녀와 인연을 맺게 되었고, 서장님부터 강력계, 조사계 등에서 계약을 성사시키면서 그들과 친하게 지내게 되었다. 사회초년병이었던 서연 씨는 유난히 나를 잘 따랐다. 연로하신 부모님과 의논하기가 어려워 재테크에 관한 것을 항상 나에게 의논하곤 했다.

그런데 불행히도 잠실대교 부근에서 남편이 교통사고를 당하고 말았다. 아주 큰 사고였고 남편은 장애 4급 판정을 받게 되었다. 서연 씨는 보험금이 8,000만 원 정도 나왔다며 이 돈을 어떻게 하면 좋을지 나에게 물어왔다.

나는 무조건 부동산을 사 놓으라고 권유했다. 그리고 금액에 맞춰 아파트를 보러 다녔다. 계약을 거의 하려던 찰나 그녀는 남편과 크게 다투었다고 했다. 서연 씨의 남편과 같은 병실을 쓰던 사람이 있었는데, 남편이 보험금을 받은 걸 그 사람에게 자랑했다고 했다. 그러자 그 사람이 남편에게 남양주의 한 부동산을 경매로 입찰해 보라고 권했던 것이다. 남편은 계속 경매를 하자고 고집을 피웠다. 그러나 나는 남양주가 전세도 나가지 않고 환금성도 떨어지니 이왕이면 서울로 하라고 권했다. 서연 씨의 남편이 장애 판정까지 받으면서 받은 보험금을 함부로 투자하라고 하고 싶지 않았다.

그렇게 해서 서울 광진구 구의동의 2억 5,000만 원 아파트를 실투자금 8,000만 원, 대출금 6,000만 원, 전세보증금 1억 1,000만 원을 합쳐 구입했다. 서연 씨는 본인보다 부동산에 조금 더 지식이 있는 나에게 자문을 구하고 탁월한 선택을 했다. 그 후 그곳은 학교들이 밀집되어 있고 교통도 편리해서 계속 가격이 올랐다. 나중에 서연 씨의 남편이 정말 고맙다고 하면서 좋아했던 기억이 난다.

사람들은 부동산 투자를 두려워한다. 하지만 부동산 전문가의 조언을 듣고 본인이 잘 판단해 따른다면 그런 것쯤은 헤쳐 나갈 수 있다. 열정과 패기만 가지고 돈을 벌 수 있는 시대는 지났다. 부동산 시장과 관련해서 지속적으로 공부하고 열심히 종잣돈을 만들면서 기회를 봐야 한다.

PART 3

돈 걱정 없이 살고 싶다면 부동산으로 투잡하라

부자들의
16배속 투자 비법

내가 처음 부동산에 발을 들인 것은 20대 후반이었다. 아무 생각 없이 돈을 많이 벌 수 있을 것 같다는 막연한 생각에서 시작했다. 중소기업에 몇백 대 일의 경쟁률을 뚫고 합격했지만, 남들이 부러워할 직장에서 상사에게 아부하기보다 좀 더 자유롭고 내가 노력한 만큼 결실이 따라오는 부동산을 선택했다.

물론 그 당시에는 내가 가는 길이 옳은지 확신하지 못했다. 그저 막연히 아무것도 없는 내 처지에 어떻게 하면 더 많은 돈을 벌 수 있을지를 고민하다 선택하게 된 것이다. 부동산 사무소에 면접을 보러 갔을 때도 돈을 많이 벌 수 있다는 말에 끌렸던 것 같다.

처음에 나는 아무것도 모르는 숙맥이었지만 한두 달이 지나면서 부동산이 돌아가는 흐름을 파악할 수 있었다. 그곳에서 주로 하는 일은 아파트 계약이었는데, 대체로 가격이 제법 나가는 근린상가, 빌딩, 상가, 토지, 여러 가지 경매 등을 취급했다. 좋은 물건이 있으면 우선 남자 직원이 우선적으로 임장을 하고 그 뒤에 신문에 광고를 내서 투자자를 찾았다. 내가 하는 일은 그 직원에게 보고를 받고 정확한 정보를 고객에게 전해서 계약을 성사시킨 뒤 나중에 잔금을 정리하는 것이었다. 그때는 인터넷이 발달하지 않았던 때라 직접 현장을 가 보지 않고서는 손님에게 브리핑할 수 없었다. 이때의 경험이 부동산에 대한 전반적인 지식을 쌓는 초석이 되었다.

우선 오전에 출근하면 전날 임장한 곳 중 좋은 부동산을 선택해서 어떤 투자자에게 먼저 전화를 돌릴까 생각했다. 그리고 리스트를 작성해서 연락을 돌렸다. 내가 이렇게 일하게 된 것은 같이 일하던 선배의 영향이 컸다. 처음에 아무것도 모를 당시 선배의 행동을 보고 익히면서 자연스럽게 따라 했기 때문이다. 선배는 오전에 오면 그냥 놀고 있는 법이 없었다. 수시로 여기저기 전화를 돌려서 부동산의 좋은 점을 고객에게 설명했다. 그러면서 나도 자연스럽게 아침마다 선배가 하는 일을 그대로 하게 되었다.

나는 부동산 투자를 할 수 있는 좋은 여건이 되었을 때도 딱히 투자할 생각을 하지 않고 그 자리에 머물러 있었다. 강남 엄마들은 좋은 물건을 계약하기 위해 명절 때면 나에게 상품권과 선물을 트렁크가 가득 찰 정도로 보내 주었다. 언젠가부터는 그게 당연하다고 느껴질 정도였다. 그것에 만족했고 즐겼다. 그러나 그것이 얼마나 멍청한 일이었는지 부동산을 보는 눈이 뜨이면서 알게 되었다. 그들은 나를 이용하면서 어리석다고 생각했을지도 모른다.

부자 엄마들은 뭐가 달라도 달랐다. 그들은 수시로 좋은 물건을 체크했다. 내가 좋은 물건이 나왔다고 전화하면 언제든지 달려왔다. 그리고 마음에 드는 물건이 있으면 절대 놓치는 법이 없었다. 아줌마부대는 귀찮을 정도로 사무실을 들락거렸다. 그들은 돈을 아낄 때와 쓸 때를 정확하게 알고 있었다. 그들을 통해서 부자들이 어떻게 돈을 버는지도 알게 되었다. 엄마들끼리 몰려다니면서 화제는 언제나 부동산 이야기였다. 그렇게 좋은 선배를 앞에 두었으면서도 나는 계약을 성사시켰다는 사실과 그들이 수고했다고 주는 사례금에 만족했다.

성과를 올리면서 나의 생활은 윤택해졌다. 대표는 내가 그만둘까 봐 노심초사였다. 내가 엄마들에게 신뢰도 쌓았고 아무래도 같은 여자로서 젊은 여자가 부동산을 브리핑하는 게 신선해 보였던 것 같다.

그 당시 나는 꽤 호사를 누렸다. 대표는 내 자동차가 낡았으면 기분 좋게 새 차로 바꿔 줬고 아이를 출산하면 병원 특실 예약에 모든 아기용품을 사 주었다. 휴가 때는 제주도, 사이판 등에 보내 주며 전액 비용을 대 주었다. 나는 그것에 만족했고 즐겼다. 그들은 나를 필요로 했다. 조금이라도 생각의 전환을 했더라면 많은 기회를 잡을 수 있었을 것이다. 엄마들의 속성투자 방법을 매일 출근해서 보고 익히면서도 따라 한다는 것까지는 생각도 못했다. 그들에게 도움을 주고 있다고만 생각했다. 정말 어리석은 일이었다.

강남권 규제 소식이 나온 뒤 강남 투자자들이 넘어가면서 최근 강북 재건축 아파트 매수 문의가 2주째 두 배가량 늘었다. 부자 엄마들이 강북 재건축으로 물려간 것이다. 물건이 없어서 계약을 못 할 지경이라고 한다. 부지런해야 먹을 게 있는 법이다. 누가 나를 위해 밥을 떠먹여 주지 않는다. 내 밥그릇은 내가 찾아야 한다.

부동산 사무소에서 일하면서 다른 직원이 대박을 터트린 적이 있다. 그날도 아침부터 분주했는데, 나와 같이 근무하던 동료가 흥분을 감추지 못하면서 하남시 땅이 나중에 크게 오를 테니 조금이라도 무조건 사라고 내게 권유했다. 가서 보기라도 하자고 해서 하남시 땅을 보러 갔다. 그런데 전은 평평하지도 않았고 땅이 지면보다 푹 꺼져 있었다. 그곳이 지금의 감일지구다. 그 동료는 다른 사람보다 부동산을 보는 안목이 있었다.

지금이야 흙을 갖다 부어서 모양을 만들면 된다 생각하지만 그때는 그런 것까지 모를 때라 이런 것을 왜 사라고 하는지 이해가 되지 않았다. 어찌 됐든 나는 동료의 말을 이용해서 고객에게 권유했고, 고객은 흔쾌히 사겠다고 했다. 그곳의 교통망, 그리고 앞으로 개발될 여러 가지를 조목조목 따져 본 뒤 평당 70만 원에 구입했다. 이후로도 그곳의 가격은 계속 올랐다. 그리고 마침내 감일지구로 확정되면서 대박을 쳤다.

나는 그동안 돈 벌 기회가 많았다. 그 유명한 강남 엄마들을 매일 만나고 대화하면서도 돈 버는 방법에는 소홀했다. 부자들의 습관은 정말 다르다. 부지런하고 정확한 안목이 있다. 살아오면서 겪은 것, 그들이 계약하면서 경험한 것을 토대로 돈 버는 방법을 제대로 파악하고 결정한다. 나는 그들의 습성을 파악하고 더 많은 돈을 벌기 위해 노력하고 있다. 지금보다 더 많은 부를 차곡차곡 쌓아 갈 생각이다.

평생 연봉,
부동산 투자로 벌어라

주변에 많은 사람들이 부동산 투자를 한다. 그런데 방향을 못 잡고 실패하거나 방법을 몰라서 갈팡질팡한다. 그들은 억대 연봉을 받으면서도 불확실한 미래를 생각하지 않고 짜임새 있는 생활을 하지 못한다. 좀 더 규모 있는 생활을 하려면 추가적인 여유자금을 꼭 만들 필요가 있다. 만약 돈이 없다면 우선 2년 정도는 여유자금을 모으는 데 힘을 쏟아 종잣돈을 만들어야 한다. 세심하고 전략적으로 계획을 세후고 노후를 대비해서 평생 부동산으로 연봉을 받는 것을 꿈이 아닌 현실로 만들어야 한다.

직장인 이정택 씨와는 지속적으로 임대를 얻어 주면서 친분을 쌓게 되었다. 처음에 그는 부동산에 별로 관심이 없었다. 부부가 맞벌이를 하는데 본인 연봉이 6,000만 원 정도 되었고 부인도 비슷했던 걸로 기억한다. 그런데도 집을 사지 못했다.

어느 날 잔금을 치르면서 시간이 남아 이런저런 이야기를 하다가 부수적으로 나가지 않아도 될 돈이 너무 많다는 것을 알게 되었다. 임대기간이 끝나고 두 번째 아파트로 이사하는 날이었다.

"선생님, 이젠 부동산에 투자 좀 하세요. 마침 역세권에 좋은 오피스텔 나온 게 있는데…."

"에고, 제가 무슨 돈이 있어요. 매달 쩔쩔매는데요. 저도 사고 싶은데 능력이 안 돼요."

나는 맞벌이를 하는 정택 씨의 상황을 알기에 농담인 줄 알고 재차 부동산 투자에 관심을 가져야 한다고 이야기했다. 그는 여유로운 집안에서 자라 부족함 없이 생활을 해서인지 지출이 너무 많았다. 외식비, 부부 품위유지비, 용돈, 가사도우미 비용으로 나가는 금액이 엄청났다. 그는 여유롭게 생활하면서도 부동산 투자까지는 전혀 생각을 하지 못했다. 그렇게 생활하는 게 당연하다고 여기고 있었다. 그러나 부유했던 부모님도 이제 정년퇴직을 하고 더 이상 보태 줄 형편은 안 되는 것 같았다. 정택 씨는 막연히 부동산 투자는 적금이 모이면 그때나 한번 해야지, 하고 생각했다고 한다.

나는 그에게 부동산 투자를 꼭 하라고 신신당부했다. 며칠 후 정택 씨에게서 부인과 함께 방문하겠다는 연락이 왔다. 본인은 수익형 부동산을 하고 싶은데 적은 돈으로 가능한지 물었다. 나와 상담을 한 끝에 부부는 처음으로 오피스텔을 계약했다. 당시 정택 씨는 만기가 안 된 적금과 펀드를 합해서 3,000만 원 정도를 갖고 있었다. 나는 역세권 소형 오피스텔을 전세를 끼고 구입해주었다. 그리고 2년 정도 지나자 전세로 줬던 오피스텔을 융자를 조금 받고 월세로 전환했다. 지금은 본인 소유의 오피스텔이 5곳이나 된다. 월세만 해도 300만 원 정도가 나온다. 물론 오피스텔을 살 때마다 대출금이 늘어나서 지금은 2억 5,000만 원 정도의 융자금에 대한 이자가 70~80만 원 정도 된다고 했다.

현재 정택 씨의 꿈은 더 커졌다. 돈이 조금 더 모이면 건물주가 꼭 되고 싶다고 했다. 한번 맛을 들이자 인터넷이나 신문의 부동산 뉴스에 눈길이 간다고 했다.

대부분의 사람들은 부동산 투자를 막연하게 생각해 시도도 하지 않는다. 정택 씨와 같은 경우는 잘 된 케이스다. 어떤 사람들은 자신이 부동산과 원래 인연이 없다고 생각하고 미리 장벽을 쳐버린다. 나중에 그 부동산이 본인에게 피가 되고 살이 되는 효자 노릇을 하게 되는데도 바로 눈앞의 상황만 생각하는 것이다.

신혜주 씨를 처음 알게 된 것은 오래전 옥수동 한남하이츠를 매매해 주면서였다. 그녀는 아파트를 판 돈과 현재 보유한 돈을 합쳐 수익형 부동산으로 갈아타기로 했다. 한강이 보이는 그녀의 집은 전망이 무척 좋았다. 옥수동아파트의 경우 당시 부유층들이 살았던 곳이다. 혜주 씨는 그동안 제법 돈을 모았고 여윳돈도 꽤 되었다. 정년퇴직을 하는 남편 덕에 퇴직금과 가지고 있는 돈으로 노후 대비를 하기 위해 수익형 부동산을 생각했던 것이다.

당시 나는 경제적으로 여유가 있었고 부동산 투자에 그렇게 관심이 많을 때는 아니었다. 그래서 그녀가 이해가 잘 되지 않았다. '돈도 있겠다. 그냥 가지고 있는 돈을 쓰지. 왜 수익형 부동산을 하려고 하지?'라고 생각했다. 그래도 그녀는 어디 믿을 만한 사람이 없다며 내가 부동산을 알아봐 줬으면 좋겠다고 했다.

혜주 씨가 원하는 것은 강남 쪽이었다. 나는 강남 역삼동 일대를 샅샅이 뒤졌다. 그러면서 강남의 숨겨진 뒷모습인 빈민가를 보게 되었다. 그때 강남의 안 좋은 실상은 다 보았던 것 같다. 빛과 그늘이 있다는 것을 깨달은 것이다. 강남에 산다고 다 부자가 아니었다. 주택들은 다닥다닥 붙어 있고 언덕 위에 있는 집들도 많았다. 길이 좁아서 주차하기도 힘들고 하나같이 여건을 충족하지 못했다.

방문하는 부동산 사무소마다 자신의 물건이 좋다고 했지만 나는 까다롭다 싶을 정도로 꼼꼼하게 살펴보았다. 그렇게 며칠을 돌아다니다 20억 원 정도 하는 다가구를 찾을 수 있었다. 역삼동 골목가에 있으면서 주차장도 제법 넓고 지하철역과 멀지도 않았다. 중요한 것은 공실이 없었다. 그리고 건축한 지 2년밖에 되지 않아 손볼 곳이 거의 없었다. 그렇게 발품을 열심히 판 끝에 계약을 성사시켰다. 당시 원룸이 40개에 월세만 전세보증금이 들어 있는 것도 있어서 월세가 1,000만 원이 넘게 나왔다. 나는 미래를 꿈꾸지 못했을 때인데 이미 혜주 씨는 본인의 미래를 위해 제대로 그림을 그렸던 것이다. 내가 권해서가 아니라 자신의 미래를 바라보는 옳은 판단으로 좋은 결과를 얻을 수 있었다.

지금은 원룸 하나의 월세가 80만 원 정도 나온다고 한다. 혜주 씨는 수년 전 리모델링을 다 해서 새 건물이 되었다며 자랑했다. 역삼동 일대는 술집도 많고 직장인들도 많아서 공실은 없는데 간혹 월세가 안 나와서 애먹을 때도 있긴 하다고 했다. 어떤 때는 자식들만 두고 도망간 사람도 있다고 했다. 무엇이든 쉽게 돈을 벌 수는 없다. 어느 정도 리스크는 안고 가야 한다. 현재 혜주 씨는 직장을 다니지 않고도 연봉을 받으면서 땅값도 많이 올라 자식들 용돈을 넉넉히 챙겨 주면서 여유롭게 생활하고 있다.

부동산 전문가인 나 역시 고객에게 배울 때가 많다. 내가 미처 생각하지 못했던 부분을 깨우쳐 준 고객들이 지금의 나를 있게 한 원동력이다. 사람을 만나면서 계약을 성사시킨 것, 실패했던 것들이 지금 투자를 하는 데 많은 도움을 준다. 나는 그동안 내가 배운 것들을 토대로 많은 사람들에게 도움을 주면서 살 계획이다. 그래서 〈한국 책쓰기 성공학 코칭협회(이하 한책협)〉에서 〈책쓰기 과정〉을 수료한 뒤 더 많은 사람들이 정보를 얻을 수 있도록 부동산 책을 출간했다. 200여 권에 달하는 책을 쓰고 수많은 사람들을 작가로 만든 김태광 대표 코치의 조언 아래 책을 펴낸 뒤, 나 자신을 브랜딩하는 것은 물론 부동산 투자에 대해 도움을 필요로 하는 사람들에게 전보다 더 많은 도움을 줄 수 있게 되었다. 혹시라도 궁금한 사항이 있다면 나의 연락처인 010.9600.4984로 질문을 해도 좋고, 내가 운영 중인 네이버 카페 〈30대를 위한 부동산 투자 연구소〉를 방문해 궁금한 사항을 물어봐도 좋다. 성심성의껏 조언을 해 줄 것이다. 나는 지금도 현재에 만족하지 않고 열심히 평생 연봉을 늘려가고 있다.

나는 매달 부동산에서
월급 받는다

요즘 계속되는 경기 불황으로 서민들의 걱정이 날로 늘어가고 있다는 기사를 자주 접한다. 보통 우리나라에서는 45세면 정년퇴직을 한다는 뜻에서 '사오정'이라는 단어가 생겨났을 정도로 좋은 직장에 다녀도 불안하기 이를 데가 없다. 그만큼 세상을 살아가는 게 각박해졌다. 정년퇴직 후 퇴직금을 받아도 노후를 대비하기엔 턱없이 부족한 게 사실이다. 거기다 자녀까지 출가하고 그 후 손주라도 생긴다면 넉넉하게 용돈도 줄 수 있어야 한다. 이렇게 나이가 들어서도 끊임없이 돈이 필요하다. 그러니 지금부터라도 치열한 경쟁 사회에서 내 돈의 값어치를 높여야 한다. 그러기 위해선 매달 월급을 받을 수 있는 방법을 마련해 놓아야 한다.

나는 2명의 펀드매니저를 알고 있는데, 그중 한재준 씨의 이야기를 먼저 들려주려 한다. 재준 씨는 재택근무를 하기 때문에 조용한 곳에 있는 임대 아파트를 원했다. 나는 별장처럼 전망 좋고 숲이 보이는 아파트를 임대로 얻어 주었다. 평소 부동산에 대한 관심이 무척 많았던 그는 아직은 여유가 없지만 계속 정보를 달라고 부탁했다. 그 후 나는 그에게 좋은 물건이 나올 때마다 문자를 보내 주었다. 꽤 많은 문자를 보내는 동안 재준 씨는 내 말을 따라 집을 보러는 왔지만 계약하기까지는 시간이 오래 걸렸다. 마침내 4년 후 75평 아파트를 경매로 낙찰받았다.

낙찰 당시 재준 씨는 자본금 1억 원 정도가 들었다. 돈이 부족한 사람에게는 경매 응찰이 유리한 편이다. 왜냐하면 낙찰가에 80%까지 대출을 받을 수 있기 때문이다. 그는 펀드와 주식을 병행하면서 현금을 보유하고 있어야 한다며 아파트를 매수하면서 많은 돈을 넣는 걸 원치 않았다. 낙찰된 아파트는 본인이 임대로 사는 곳 바로 옆 동이었다. 재준 씨는 무척 만족스러워했다.

그 후 나는 오피스텔 분양권 3개를 분양받아 주었다. 처음에 불입금이 많지 않았기 때문에 그는 부담 없이 계약을 했다. 현재 그는 매달 200만 원씩 오피스텔에서 월급을 받고 있다.

이번엔 또 다른 펀드매니저 김태정 씨의 이야기다. 그는 부동산 투자에 부정적이었다. 집을 살 때도 부인이 고집을 피워 억지로 샀다고 했다. 당시 아파트 담보로 대출을 받아서 샀기 때문에 실제로 돈이 많이 들어가지는 않았지만, 마치 내가 꼬드겨서 집을 산 것처럼 매매잔금을 처리할 때도 눈을 마주치지 않았다. 그렇지만 나는 고객에게 최선을 다한다 생각하고 태정 씨에게 좋은 수익형 부동산이 있으면 가끔 알려 주곤 했다. 그럴 때마다 그는 "펀드나 주식을 하면 하루에 얼마의 수익이 나오는데 무슨 부동산이에요." 하면서 언제나 시큰둥했다.

몇 년이 지난 후 태정 씨 부부는 다른 곳으로 이사하게 되었다. 집이 경매로 날아간 것이다. 그것도 경매낙찰자가 집을 내놓으면서 알게 되었다. 불투명한 미래를 위해 조금만 나눠서 부동산에 투자했다면 그런 일이 없었을 것이다.

태정 씨는 나와 통화할 때마다 수십억 원이 왔다 갔다 한다면서 부동산 투자까지 신경 쓸 겨를이 없다고 했다. 그들이 이사 간 후 살던 집에 가 보니 인테리어 비용만 1억 원이 넘게 들었을 정도로 화려했다. 하지만 인테리어가 화려하다고 누구나 좋아하지는 않는다. 그가 살던 아파트가 낙찰된 후에도 인테리어 때문에 매매되기까지 많은 시간이 걸렸다. 당시 인테리어가 너무 조잡해 보는 사람마다 고개를 저었다. 그래서 나는 고객들에게 기본적인 것만 수리하라고 조언한다. 내가 싫다고 모두 뜯어고쳐도 정작 들어간 인테리어 비용은 받을 수가 없기 때문이다.

위의 두 사례처럼 똑같이 시작했지만 어떤 사람은 직장에서 나오는 월급에 또 다른 월급을 받아 여유롭게 산다.

나는 현재 3개의 오피스텔을 가지고 있다. 분양권 2개까지 합하면 총 5개다. 처음부터 오피스텔을 사려고 했던 것은 아니다. 분양권의 경우 원룸 오피스텔은 초기비용이 1,000만 원이었다. 그리고 중도금 대출도 쉽고 무이자를 조건으로 주다 보니 그때마다 구입하게 되었다. 하나를 계약해 놓고 잔금 시기가 되면 그동안 모은 돈으로 잔금을 치르고 이렇게 늘려 갔다.

근래에 잔금을 치른 오피스텔은 호수가 보이는 전망 좋은 곳이다. 방과 거실이 분리된 아파트형 오피스텔로 신혼부부가 많이 선호한다. 특히 전세는 없어서 못 나갈 정도다. 현재 그곳은 월세가 100만 원까지 나온다. 아직은 입주시기와 맞물려 임대를 싸게 내놨기 때문에 임대기간은 1년만 했다. 아마 내년에는 임대료를 더 올려 받을 수 있을 것이다.

지금 나는 매달 200만 원의 월급이 별도로 나온다. 오피스텔 같은 경우는 만기시점이 되면 임대료가 지속적으로 오른다. 나는 앞으로 평생 월급을 받을 수 있도록 오피스텔의 개수도 차츰 늘려 갈 계획이다. 그리고 노후를 위해 현재 갖고 있는 토지에 수익형 부동산을 지을 계획이다. 나는 부동산 투자로 돈을 벌고 있지만 수익형 부동산도 계속 늘려 가면서 평생 월급을 늘려 갈 계획이다.

많은 사람들이 생계를 위해 직장을 다니고 월급을 받는다. 그 대가로 주 5일 동안 열심히 일한다. 힘든 직장생활 때문에 사표를 내고 싶어도 책임져야 하는 가족들과 불안한 미래로 인해 쉽게 그만둘 수 없는 것이 현실이다. 노후를 대비하기 위해 적금을 들어도 저금리 시대에 실질금리는 마이너스다. 적극적인 재테크 없이 단순히 월급만으로 살아간다는 것은 이제 버거운 일이다. 거기다 기업들의 경영난으로 정리해고가 만연하면서 평생 직장은 사라졌다. 이 때문에 많은 사람들이 불투명한 미래를 대비하기 위해 또다시 전문 학원으로 몰려간다. 먹고살기 위해 발버둥 치는 것이다.

이제 평생 직장은 옛말이 되었다. 불안한 현실에 차근차근 대비해야 한다. 그래서 나는 부동산 투자로 월급을 받을 것을 권한다. 주변에 투자가 가능한 부동산은 많다. 소액으로도 얼마든지 평생 월급을 받을 수 있는 길이 열려 있다. 당신도 당장 다음 달부터 부동산으로 월급 받는 길을 찾아 보라.

나는 평범한 주부에서
부동산 투자가로 갈아탔다

나는 신혼 초부터 부동산 직원으로 일했고 부동산 사무소를 운영하는 지금까지 수십 년 동안 부동산 투자에 몸담았다. 중간에 출산으로 잠깐 쉬었다가 보험 설계사로 2년 정도 일한 것을 제외하고는 부동산과 평생을 함께했다.

처음 부동산을 계약했을 당시에는 아무 생각이 없었다. 그저 남이 돈 된다고 하니까 따라서 조금 해 봤을 뿐이다. 부동산에 대한 지식도 거의 없었고, 부동산으로 어떻게 돈을 벌 수 있는지도 몰랐다. 제대로 파악도 하지 않고 결정했던 것이다. 가끔 운 좋게 수익을 올리기도 했지만 부자가 되려면 부동산에 대해 먼저 알아야 된다는 것을 한참 후에야 깨닫게 되었다.

　내가 처음 계약했던 부동산은 연탄아궁이가 딸린 인천 부개동의 17평 아파트였다. 나는 아파트를 산다는 것 자체에 무척 들떠 있었다. 그래서 시장조사는커녕 없는 형편에 가격에 맞춰서 하다 보니 그곳까지 가게 되었다. 당시 아파트 가격은 2,000만 원 정도였다. 서울 강동구 고덕주공도 2,000만 원 정도 할 때였다. 나는 무조건 지하철역 근처 부동산을 사라는 지인들의 조언을 잊지 않고 새겨들었다. 신규 아파트였고 대출을 1,200만 원 정도 받을 수 있어 많은 돈이 들지는 않았다.

　그렇게 부개동에서 2년간 살았다. 그곳은 그렇게 살기 좋은 곳은 아니었다. 지하철 1호선을 탈 때마다 멀미를 했고 매번 앉을 자리가 없어 지하철 바닥에 주저앉아서 출퇴근을 했다. 시간이 갈수록 도저히 지하철을 타고 다닐 자신이 없었다. 결국 아파트를 지인에게 떠넘기다시피 하고 어렵게 그 집에서 나올 수 있었다.

　그 이후로 지인과 공동투자를 해서 서울 서대문구 창천동에 위치한 점포주택을 샀다. 가격은 1억 5,000만 원으로 대출을 5,000만 원 받았다. 좋다고 해서 계약을 했지만 좋은 건지 나쁜 건지 감이 오지 않았다. 이자만 생으로 나가는 기분이었다. 그래서 점포주택을 팔기로 마음먹고 여기저기 부동산에 빨리 팔아 달라고 독촉했다. 한 사람이라도 말렸으면 계속 갖고 있었을 텐데 둘 다 파는 쪽으로 의견이 맞았다.

지금 그곳의 가격은 엄청나게 올랐다고 한다. 더욱 억울했던 것은 그다음 날 매매가를 2,000만 원 더 올려 준다고 다른 부동산에서 연락이 왔다는 것이다. 어찌 되었든 점포주택 매매는 그렇게 일단락되었다.

나는 하나가 정리되면 그다음엔 또 무엇을 할까 고민했다. 돈이 생기면 일단 투자처를 찾았다. 그다음으로 투자했던 곳은 송탄 신장동이었다. 여기저기 발품을 판 것도 아니고 직장동료가 그쪽 땅이 유망하다며 앞으로 사 놓으면 돈이 될 거라고 했다. 당시 400평 되는 전을 평당 40만 원에 계약하게 되었다. 나는 뭐든지 사면 좀 두고 기다려야 하는데 얼마 지나지 않아 또 팔고 싶어졌다. 몇 번을 가 봐도 그대로였다. 미군들의 술집을 가로질러야 내 땅이 보이는 것도 별로 좋지 않았고 비행기가 지나가는 것도 거슬렸다. 논두렁 위에 있는 그 땅을 잘못 산 것 같았다. 결국 평당 5만 원을 더 붙여서 겨우 팔았다.

나중에 들으니 땅을 산 사람은 그곳에 원룸, 투룸을 지어서 대박을 쳤다고 했다. 나는 정말 한심하기 짝이 없는 중생이었다. 지금 그곳은 송탄 미 공군 K-55사단이 있는 곳으로 땅값은 평당 400만 원 정도다. 이렇듯 나는 부자가 될 수 있는 기회를 여러 번 놓치고 말았다.

정말 아쉬웠던 곳은 수유리 4·19탑 부근의 5층 근린상가 건물이었다. 나 혼자는 엄두도 못 내는 처지라 3명이 공동투자로 5억 원을 주고 샀다. 당시 대출을 3억 5,000만 원 정도 받았다.

그런데 시간이 흐를수록 모두 부담스러워했다. 대출을 받아 놓은 상태라 파는 쪽으로 의견을 모았다. 5층에 살림집이 있어서 아파트를 팔아서 그곳으로 입주하거나 아파트를 전세로 주고 월세를 받는 것으로 융자금을 갚아도 가능한 상황이었다. 남편에게 그렇게 하면 어떠냐고 말했더니 광화문까지 출퇴근하기가 멀다고 못하겠다고 했다. 그래서 5,000만 원 정도 차익을 보고 팔았다. 지금도 그때를 생각하면 아쉽기 그지없다. 지금 그곳은 50억 원 이상의 값어치를 자랑한다.

나는 과거 지극히 평범한 주부였다. 그런 내가 이렇게 조금씩이나마 돈을 만질 수 있게 된 것은 끊임없이 부동산과 함께했기 때문이다. 비록 많은 이익을 남기지는 못했더라도 부동산으로 재테크를 했다는 것이 중요하다. 아무것도 물려받은 것 없이 가정을 풍족하게 꾸릴 수 있던 것은 부동산의 경제적 힘이 있었기 때문이다.

부동산 투자를 시작하면서 전보다 더욱 여유 있게 살 수 있었다. 친정 식구들이 어려울 때 도와주고 아이들이 원하는 것을 다 해 주면서 살았다. 남편이 사업에 여러 번 실패해도 부동산이 있었기에 견딜 수 있었다.

내 인생의 전환점이 된 큰 사건이 하나 있다. 내가 아이들을 데리고 뉴질랜드에 갔다 온 직후 남편이 사업 실패로 수십억을 날린 것이다. 나는 남편 말을 평소 그대로 믿는 편이었다. 추가 사업 자금이 필요하다는 남편의 말에 친정에서 수억을 빌려다 주었는데 안으로 돈을 처넣는 꼴이 되어 버렸다. 나는 한없이 밑바닥으로 내동댕이쳐졌다. 정말 나에게는 더 이상 아무것도 남은 게 없었다. 오직 빚더미만 남아 있었다.

이로 인해 형편이 어려워지면서 진정으로 돈의 소중함을 깨닫게 되었다. 나는 아무 생각 없이 투자했던 과거에서 탈피해 더욱 악착같이 돈을 벌었다. 정말 많은 임장활동을 했고, 악착같이 공부했다. 분양사무실, 상가사무실을 쉴 새 없이 방문하는 등 남들이 보면 정말 미쳤다고 할 정도로 정신없이 다녔다.

이러한 경험들이 부동산을 운영하는 데 많은 도움을 주었다. 그리고 부동산 투자를 할 때 판단력을 높여 주었다. 처음에는 돈이 없어서 손님들에게 투자를 권했고 조금씩 돈이 모이자 오피스텔, 그다음은 분양권, 상가, 입찰 등으로 이어 나갔다. 물론 엄청난 부자들과는 아직 비교가 안 된다. 나는 아직도 욕심이 많다. 그리고 끊임없이 투자하기 위해 공부한다. 아파트나 소자본으로 투자하던 눈높이를 높였다. 시야를 넓게 볼 수 있는 안목도 생겼다. 요즘은 평택 고덕신도시의 평택항 인근 땅에 관심을 갖고 지속적으로 투자하고 있다.

　나는 전 재산을 다 날리고도 다시 일어설 수 있었다. 그렇게 다시 설 수 있었던 것은 누가 뭐래도 부동산과 함께했기 때문이라고 생각한다. 수십 년간 쌓아 온 경험 덕분에 남들보다 좋은 물건을 잘 찾아낸다. 내 주변에는 부동산에 관심 있는 주부들이 넘쳐난다. 나는 그들이 이것만은 꼭 지키고 투자하길 바란다. 남의 말에 휘둘리지 말고 정신 똑바로 차리고 투자하라고 말이다. 부동산으로 부자가 되고 싶다면 신중히, 정확하게 물건을 볼 수 있도록 열심히 공부해야 한다. 내 철없던 시절처럼 멋모르고 덤비다간 큰코다치기 십상이다. 급하게 서두르지 말고 차근차근 부동산에 대해 파악한 뒤에 투자하면 정말로 부자가 될 수 있다.

　주부들이여, 부동산 투자가로 한번 나서 보라! 당신도 부동산 투자가가 될 수 있다!

부동산 투자에도
불변의 법칙이 있다

부동산 일을 하면서 많은 사람들을 관찰해 온 결과, 사람은 본인이 아는 만큼만 움직인다는 것을 알았다. 큰돈이 왔다 갔다 하다 보니 사람들은 모르는 것을 배워서 실행하기보다 아는 길로만 가려 하고 다른 길에는 눈길도 안 준다. 많은 사람들이 의외로 본인이 알고 있는 부동산만이 옳은 투자라고 생각한다. 그렇게 닫힌 사고로 본다면 부동산 투자는 큰 손실이 따르게 되어 있다.

그동안 부동산 투자를 하면서 좋은 경험을 할 수 있었던 것은 당장은 계약을 못하더라도 현장을 찾는 것을 귀찮아하지 않았기 때문이다. 나는 부동산들을 미리 조사해 놓은 뒤 종류별로 주말

137

에 직접 현장을 방문했다.

판매자는 생각해서 물건을 줬는데 가 보지도 않고 안 좋다고 단정 지으면 다음에 나에게 물건을 주지 않는다. 그래서 아주 먼 곳이 아니고서는 시간 나는 대로 수첩에 주소를 메모했다가 임장을 했다. 그렇게 하면 나중에 그 물건을 계약하지 않더라도 하나의 정보가 되고, 그 정보를 토대로 다른 부동산을 브리핑하는 데 많은 도움이 된다.

나도 새로운 부동산에 도전을 하는 것에 두려움이 있다. 그리고 내가 모르는 부동산을 사라고 하면 일단 색안경을 끼고 보게 된다. '이거 사기 아니야? 어디 등쳐 먹을 데가 없어서!' 하면서 스스로 결론짓고 들으려 하지 않을 때도 많았다. 지금도 내가 모르는 부분은 굉장히 조심스러워한다. 그래서 항상 경험하고 공부를 해야 한다.

오래전 알았던 안효영 씨가 있다. 일본 남자와 결혼한 그녀는 굉장한 부자였지만 돈을 유용하게 쓸 줄 몰랐다. 그녀는 항상 노름에 빠져 있었다. 당시 압구정 현대아파트에 살면서 남편 돈으로 여기저기 부동산을 사 놨다. 그녀는 아이도 없었고 일본에 살면서 우울증이 왔다고 했다. 남편이 한국에 가서 쉬고 오라고 하면 그녀는 노름을 하며 스트레스를 풀었던 모양이었다.

내가 효영 씨를 알게 된 것은 그녀가 노름빚을 갚기 위해 보유

하고 있던 아파트를 팔면서다. 그래도 워낙 돈이 많다 보니 그녀
는 집 한 채가 날아간 것을 딱히 아깝다고 생각하지 않았다. 남편
에게 달라고 하면 된다는 식이었다. 그녀는 일본에 갔다 올 때면
나에게 스카프, 액세서리 등의 선물을 한 아름씩 사다 주었다. 항
상 동생처럼 이것저것 챙겨 주기도 했다. 한국에 들어올 때면 비
행기를 타는 대신 본인 소유의 노란색 스포츠카를 배로 싣고 와
서 부산에서 서울까지 끌고 왔다. 속사정을 모를 때는 그런 그녀
가 엄청 근사해 보였고 부러웠다.

그러다 일본경제가 침체기에 들어서면서 남편이 더 이상 돈을
대 줄 수 없는 형편이 되었다. 세무사였던 남편은 세무조사를 받
느라 힘들어했고, 효영 씨는 본인 노름빚도 갚고 생활도 해야 하
는데 일본 부동산이 꿈쩍도 안 한다고 한탄했다. 결국 부동산을
하나씩 다 팔고도 빚이 정리되지 않았다.

그녀는 어머니에게 사 드린 강원도 오색약수터 부근 땅을 팔
아 달라고 내게 요청했다. 당시 그 먼 곳까지 가서 어떻게 해야 하
나 아득했지만, 설악산 구경을 하면서 그곳에 들러 보았다. 야트
막한 곳에 집 한 채가 덩그러니 있었다. 돈이 될 것 같지도 않았
다. 당시에는 도로가 뚫리지 않아서 임장을 하면서도 감이 오질
않았다. 내가 주변 상황을 잘 모르니 권하고 싶지 않았다. 결국 정
리가 되지 않았고 그곳은 경매로 넘어가게 되었다.

마침 땅에 관심이 있던 사업가 고객에게 오색약수터에 좋은

물건이 있다고 했더니 관심을 보였다. 그렇게 그가 낙찰을 보게 되었다. 그 고객은 강원도에 살고 있어 그곳에 대해 매우 잘 알고 있었던 데다 그런 곳을 찾던 중이었다고 했다. 당시 경매 응찰자는 그 옆에 땅을 보유하고 있던 사람과 그 고객이었고, 세 번 유찰되면서 가격도 시세보다 저렴하게 살 수 있었다. 그 후 오색약수터까지 고속도로가 사통팔달로 뚫렸다. 고객은 그곳에 펜션을 지었고 땅값도 엄청 많이 올랐다.

사람들은 습관적으로 행동한다. 그리고 뼛속 깊이 물들어 버린 습관에 얽매여 헤어나지 못한다. 생각해 보면 나도 그런 경우가 많다. 아는 것이 힘이고 아는 만큼만 보이는 법이다. 현재와 미래의 부동산을 보는 눈을 키워야 한다. 그리고 부정적인 사고는 버려야 한다. 나는 부정적인 사고로 인해 많은 것을 놓쳤다.

한번은 방사선 사업을 하는 재력가 고객이 부동산이 너무 많아서 관리가 안 된다며 땅을 팔아 달라고 했다. 나는 무슨 의식을 치르듯 땅이 나오기만 하면 새벽에 벌떡 일어나 찾아갔다. 머릿속에 간다고 그려 놨던 것은 꼭 가 봐야만 직성이 풀렸다. 만약 가보지 않으면 마음이 편하지 않았다.

한 시간을 운전해서 간 그곳은 충북 청주시 청원 부근이었다. 매매가는 30억 원 정도였다. 당시 그곳에 임대건물이 장기로 20년 계약되어 있었고 보증금 2억 원에 임대료가 1,500만 원이었다. 게

다가 외국 회사라 1년 단위로 임대료가 통장으로 바로 들어와 신경 쓸 일이 없어서 좋은 조건이었다. 그곳은 산업단지가 개발된 곳이 아니라 공장들이 우후죽순으로 있었고 진입로가 좁기는 했지만 고속도로 IC가 가까운 곳에 있어서 경쟁력이 있었다. 문제는 그만한 땅을 살 만한 사람이 없었다. 그 땅을 파는 데는 약 1년이 걸렸다. 그나마 계속 광고를 낸 덕분에 정리할 수 있었다.

어렵게 매매를 했지만 솔직히 완벽한 그림이 머릿속에 그려지는 않았다. 자주 가 본 곳도 아니었고 전적으로 고객의 말에 의존했기 때문에 청원 공장 부근에 대해 많이 알지 못했다. 다행히 운이 따라 줘서 계약을 할 수 있었다.

나는 부동산 투자 초기에 아파트를 팔아서 시세차익을 남겼다. 그 이후 다방면으로 투자하면서 지금은 땅까지 영역을 넓혔다. 그중 평택항 부근 현덕지구에 투자한 것을 정말 잘했다고 생각한다. 투자 당시만 해도 부동산 투자자들의 의견은 양분화되어 있었다. 대부분은 '왜 그런 걸 투자해? 좋은 게 얼마나 많은데!'라는 식이었다. 나는 여러 번 발품을 팔면서 그곳 시장을 읽었고 과감하게 투자했다. 현덕지구는 지금 보상 수순을 밟고 있고 내가 받은 대토(토지를 수용당한 사람이 수용토지 반경 20km 등 인근 허가구역 안에서 같은 종류의 토지를 구입하는 것)까지 진행이 된다면 땅값이 많이 오를 것이다. 벌써 토지 수용이 안 된 인근 땅들이 들썩이면서 계속 땅값이 오르고 있다.

　사람들은 주로 아는 곳에 투자를 한다. 아파트 투자를 했던 사람은 아파트 투자만 한다. 아무리 다른 좋은 부동산을 설명해도 귀담아듣지 않는다. 두렵기 때문이다. 재개발 지역이나 재건축만 손대는 사람은 그곳만 쫓아다닌다. 한 우물만 파는 단편적 투자에 집중하는 것이다. 나 역시 아파트만 집중적으로 거래를 시킬 때 손님이 땅을 원하면 시간이 안 될 때가 많아서 아파트만 권유한 적도 많았다. 땅을 투자하게 되면서 그림을 크게 보게 된 것은 아주 커다란 성과 중 하나다. 지금도 나는 아는 만큼만 투자하는 것이 아닌, 더 알고 투자하기 위해 열심히 현장을 다닌다.

나는 매일
부동산으로 출근한다

부동산 일을 오랫동안 하면서 이제는 거의 실패하지 않고 안전하게 투자할 수 있게 되었다. 그럴 수 있었던 것은 남의 말을 귀담아듣고 여러 번 현장답사를 한 후 결정했기 때문이다. 그러면서 해박한 지식이 쌓이게 되었고 노하우가 생겼다. 부동산 투자를 하다 보면 안전하게 돌다리를 두드리며 가는 사람과 공격적인 사람으로 나뉘는 것을 볼 수 있다. 물론 부동산 중개도 마찬가지다.

부동산 중개업소를 운영하다 보면 고객이 직접 오는 경우가 많다. 그만큼 정보를 빨리 듣고 투자하기 위해 찾아오는 것이다.

그들은 인터넷 매물이나 블로그, 카페를 통해 충분히 정보를 수집한 후 방문하기 때문에 성사율도 높은 편이다. 가끔은 아무 내용도 모르면서 투자에 관해 공부부터 하겠다는 사람이 있다. 나는 그런 사람에게는 말을 아끼고 그냥 돌려보낸다.

예전에 아파트 단지에서 부동산 사무소를 운영할 때는 계약을 하나라도 놓치고 싶지 않아서 열심히 설명했다. 그리고 누가 이기는지 해 보자는 식으로 온종일 끌고 다닌 적도 있었다. 어떤 분은 본인들이 지쳐서 계약한 경우도 많다. 나는 그들을 위해 매매, 전세, 월세를 가리지 않고 최선을 다했다. 그러나 지금은 방향과 목표가 뚜렷한 사람에게만 최선을 다해야 된다는 것이 나의 생각이다.

언제나 세련되고 우아한 분위기의 박남주 씨는 부동산에 관심이 많았다. 그녀는 전망 좋은 조용한 아파트를 원했다. 부동산에 올 때마다 머리부터 발끝까지 흐트러짐이 없었다. 그녀가 처음 나와 연을 맺게 된 것은 서로 가고자 하는 방향이 같아서였다. 나는 남주 씨에게 아파트를 계약해 주면서 그녀가 부동산으로 돈을 많이 벌었다는 것을 알았다. 그녀는 나보다 훨씬 광범위하게 투자를 하고 있었다.

나에게서만 10건 정도를 계약한 그녀는 가끔 잔금을 못 맞춰 나에게 돈을 차용해 달라고 부탁할 정도로 가까워졌다. 그녀에게 위례신도시 상가를 여러 번 왔다 갔다 하면서 분양을 받아 주며 더욱 신뢰가 쌓였다. 남주 씨는 돈이 된다 하면 지방에 있다가도 한달음에 달려왔다. 그 후 몇 번의 아파트 계약을 했고 서로를 더욱 신뢰하게 되었다.

얼마 후 그녀가 용산의 아파트를 분양받고 싶다고 했다. 나는 용인에서 용산 부근 일대까지 여러 번을 왔다 갔다 했다. 심지어 한강변에서 얼마나 전망이 나오는지 보기 위해 한강 다리 근처에서 그곳의 위치를 파악하기도 했다. 또 인적이 드문 새벽녘에 차가 쌩쌩 달리는 곳에서 현장을 파악하기도 했다. 지금 생각하면 정말 위험한 짓을 하고 다녔던 것 같다.

아파트 하나를 선택하더라도 꼼꼼히 체크할 게 많다. 반경 2km 이내에 무엇이 있는지도 봐야 하고 병원, 편의시설, 역세권 등 이것저것 따져 봐야 한다. 대부분 휴일 새벽 시간을 활용했다. 나는 새벽에 임장하는 것을 좋아한다. 차가 막히지 않아서 꼭 모델하우스를 봐야 하는 경우를 제외하고는 새벽 시간을 많이 활용한다.

용산 주상복합 주변 환경은 당시 개발이 진행되는 상황이라 그렇게 완벽한 아파트는 아니었다. 그래도 분양가가 다른 곳보다 저렴했고 계약조건도 유리했다. 게다가 주상복합으로써 용산의 스카이라인을 대표하는 39층 고층 아파트였다. 한강이 멀리 내려다보이는 위치라 투자가치도 있었다. 가장 중요한 것은 남주 씨가 사고 싶어 한다는 것이었다.

부동산으로 돈을 벌겠다고 생각하면서도 방법을 모르는 사람들이 대부분이다. 부동산 투자로 성공하려면 돈이 많아야 하지만, 적은 돈으로 투자하고자 한다면 추상적으로 생각하기보다 명확한 계획을 세워야 한다. 여유자금이 없는데 빌딩을 사려는 것은 비현실적이다. 소액이면 소액으로 투자할 수 있는 것을 정하고 그다음 계획을 세워 점차 목표를 높게 잡는 방법도 좋다.

처음 상가 입찰을 접하게 된 것은 건설사에 근무하는 지인의 권유였다. 처음에는 입찰이라는 단어가 생소하기도 하고 항상 바쁜 일정으로 많이 참여하지 못했다. 그래도 입찰을 할 때마다 참여하면서 돌아가는 분위기를 익혔다. 부동산 일을 하면서 항상 느끼는 것은 정보가 매우 중요하다는 것이다. 내가 미처 생각하고 있지 않아도 문자로 그동안 알고 있는 사람이나 영업사원들이 찾아와서 친절하게 입찰한다고 알려 준다. 입찰을 신청하는 경우는 정확한 정보를 직접 현장에 가야 알 수 있다. 보통 입찰 시 계약금은 500만~1,000만 원이며 가격을 본인이 써서 내는 방식이다.

상가는 아파트와는 다르다. 아무리 사람이 몰린다 해도 사전 답사와 유동 인구 등 주변 상황을 정확하게 파악한 뒤 입찰에 임해야 낭패를 피할 수 있다. 나는 상가 입찰을 할 때면 항상 숨을 먼저 고른다. 상가 입찰을 잘하면 많은 권리금을 받고 되팔 수도 있지만 그렇지 않은 경우가 더 많다. 부동산 일을 하다 보면 그들이 높은 가격으로 입찰을 했다가 투매(손해를 무릅쓰고 싼 가격으로 상품을 파는 것)로 다시 나오는 경우를 수없이 본다. 상가의 목이 좋은지는 입찰을 하러 온 사람만 봐도 어느 정도 느낌으로 알 수 있지만 이를 맹신하면 안 된다. 상가의 경우는 특히 그렇다. 당장 눈에 보이는 것에 관하여 일반인들이 잘 모르는 것을 파고들어 계약을 시킨다. 그 후 임대가 잘 안 나가거나 임대가 나가더라도 분양가 아래로 팔아야 하는 경우를 많이 본다. 나는 내가 원하는 가격만 고집한다. 상가의 시세가 있는데 터무니없이 입찰가를 높여서 쪽박 차는 경우를 많이 봤기 때문이다.

내가 입찰에 참여해 수원상가에 차 순위로 낙찰된 적이 있다. 1순위 입찰자가 포기한 것이다. 그는 높은 가격에 입찰을 받고 좋아했지만 바로 팔릴 것 같지 않아 포기했다. 여기에 권리금을 받고 파는 운도 따라 주었다. 상가 입찰은 본인이 직접 운영하기 위해서 가지고 가는 경우도 있지만 대부분은 그 자리에서 권리금을 받고 넘기는 경우가 많다. 근래는 상가 입찰 시 투기를 막기 위해 중도금 대출이 되지 않는 게 대부분이다. 현금을 보유하고 있으면 문제가 없지만 적은 돈으로 투자하려다 중도금 불입을 못하면서 물릴 수도 있다. 아무거나 따라가는 방식에서 벗어나 정확히 판단 후 결정해야 피해를 막을 수 있다.

부동산 투자를 하려면 자신이 사는 지역부터 살피라고 하는 이유가 있다. 그것은 처음부터 모르는 곳에 투자하다 보면 낭패를 볼 수 있기 때문이다. 가까운 곳부터 차근차근 부동산과 친해지다 보면 멀리 보는 안목이 쌓이기 마련이다. 부동산 투자를 하려면 전문가를 만나는 것도 중요하지만 본인이 먼저 편의시설은 어디에 있으며 교통편은 어떻게 되는지, 교육 환경은 어떤지 등을 따져 봐야 한다. 만약 아파트나 토지 등에 투자하려면 주변 환경을 먼저 파악한 후 부동산 사무소에 가야 훨씬 빠르게 판단을 할 수 있다.

안산에서 부동산 중개업소를 운영하는 박 사장은 투자자에게 고덕신도시 근린상가 입찰을 권유했다. 그리고 얼마 후 본인 자금과 공동투자를 해 평택 고덕신도시 근린상가부지 입찰을 봤다. 그런데 입찰 후 박 사장은 매일 나의 사무실을 찾아왔다. 그는 올 때마다 울상이었다. 입찰가를 너무 높게 써넣었다는 것이다. 근린상가는 워낙 자기자본금도 많이 들어가는 데다 나중에 상가를 지어서 남아야 투자자가 입질을 한다. 그냥 턱없이 입찰만 본다고 수는 아닌 것이다. 나는 LH에서 입찰한 근린상가 입찰가격 180%선을 안정권으로 본다. 근린상가 가격대가 80억~100억 원으로 계약금만 10억 원이다. 거기다 중도금 불입금도 생각해야 하는데 거기까지 미처 생각을 못 한 것이다. 워낙 시장이 뜨거우니까 팔리겠지, 하는 안일한 생각에 덜컥 계약한 것이다.

박 사장은 아직도 근린상가 건축 투자자를 찾지 못해 골머리를 앓고 있다. 물론 운 좋게 계약이 되면 더 바랄 게 없겠지만 항상 부동산은 경우의 수를 생각해 둬야 한다. 무리한 투자는 언제나 실패를 가져올 수 있기 때문이다.

부동산은 다 돈이 되는 것은 아니다. 부에 대한 바람이 크기 때문에 조금만 신경 써도 한번쯤 생각해 볼 수 있는 문제를 간과한다. 물론 돈이 많다면 걱정할 게 없다. 장기전으로 가면 오르기는 한다. 하지만 당장이 문제인 사람들은 정말 신중을 기해야 한다.

내 주변에는 부동산과 친하면서 돈을 번 사람을 어렵지 않게 만날 수 있다. 평소 부동산을 자주 접하면서 목표를 갖고 현실적인 계획을 세워 실행한다면 부동산 투자로 분명히 빛을 발할 수 있을 것이다.

안목을 키우면
돈 되는 부동산이 보인다

70대의 김윤자 할머니는 산속에 홀로 떨어진 아파트를 보유하고 있었다. 오래전 영업사원의 권유로 공기 좋은 곳이 나중에 대세가 된다는 말에 매입을 결정했다고 했다. 처음 한 달간은 정말 좋았다. 그러나 그 아파트가 살 곳이 못 된다는 것을 깨달은 것은 얼마 지나지 않아서였다. 가까운 곳에 지하철역이나 버스정류장도 없었고, 편의시설이 전혀 없었다. 마트에 가려면 멀리까지 차를 타고 나가는 불편함을 감수해야 했다. 이러한 것들이 좋은 전망에 다 가려져 깊이 생각하지 못했던 것이다. 자식들도 왜 강남에서 이 먼 곳까지 와서 힘들게 사느냐며 가까운 곳으로 이사를 오라고 채근했고, 명절 때마다 방문하기도 불편하다며 투덜댔다고 한다. 결국 김 씨 할머니는 몇 달 후 다시 강남으로 이사를 했다.

그 이후로 아파트에 임대를 놓을 때마다 나는 김 씨 할머니를 만났다. 그분은 만기가 되어 임대가 나갈 때도 항상 불안해했다. 만기 시 보증금을 미리 줘야 하는데 몇 억 원을 현금으로 가지고 있는 사람이 과연 얼마나 되겠는가? 임대가 안 나가면 김 씨 할머니는 매번 부동산을 방문해서 머리를 조아렸다. 비싸게 주고 산 아파트의 결말이다. 그곳은 가격이 나갈 만한 곳이 전혀 아니었다. 앞으로 가격은 계속 내려갈 것이다. 깊은 산속에 15년이 넘은 나 홀로 아파트에다 주변에는 아무것도 없는 대형 평수다. 그분은 뼈 아픈 선택을 후회하며 지금이라도 원금만 받으면 당장 팔겠다고 했다.

이처럼 잘못된 선택으로 고통의 나날을 보내는 사람들을 종종 본다. 아무리 아파트라고 할지라도 편의시설도 제대로 갖춰져 있지 않고 교통도 불편하다면 한 번 더 생각해서 결정해야 한다. 부동산 투자로 모든 사람이 돈을 버는 것은 아니다. 돈 버는 사람이 있는 반면 실패해 피눈물을 흘리는 사람들도 있다.

신윤수 할아버지는 오랫동안 교사생활을 하고 정년퇴임했다. 오랫동안 직장생활을 하고 나니 노후에는 전망이 좋은 집에 살기를 원했다. 나는 그분의 성향에 맞춰 이곳저곳 집을 보여 주었다. 그리고 마침내 그분이 찾던 아파트를 구입해 주었다. 그분은 꿈을 이루었다며 연신 즐거워했다.

그렇게 몇 년이 흘러 어느덧 할아버지도 70대가 되었다. 그분이 매입했던 아파트는 언덕 높이 위치해 있어 전망이 좋고 사계절의 변화를 항상 볼 수 있는 곳이다. 그러나 언덕 위에 있는 것이 결국 문제가 되었다. 신 씨 할아버지는 현재 전망 좋은 아파트를 선택한 것을 후회하고 있다. 나이가 들면서 마트에 갔다가 걸어서 올라가는 게 너무 힘이 든다고 했다. 얼마 전에는 다리를 다쳤는데 콜택시를 불러도 너무 가까운 거리라 돈이 안 된다고 거절해서 고생했다고 했다.

아파트는 자신과 맞는 곳을 선택해야 한다. 젊은 사람의 경우는 차를 가지고 다니기 때문에 언덕이 있어도 별로 개의치 않지만, 나이가 있는 분들은 전망이 좋은 곳보다 평지에 있는 아파트를 권한다. 전망 좋은 아파트는 처음에는 좋을지 몰라도 나중에는 대부분 후회하는 경우가 많다. 언덕에 있는 아파트는 아무래도 평지의 아파트보다 가격도 싸고 선호도도 낮은 편이다. 물론 그런 곳을 좋아하는 사람도 많다. 조용한 곳을 원하는 고객 중에는 만화가도 있고 펀드매니저도 있고 정말 다양하다. 그분들은 그곳에 만족한다. 외딴섬에 따로 떨어져 있는 것처럼 조용해서 좋다고 한다.

나는 아파트 거래를 할 때 나의 기준에 맞추지 않는다. 항상 고객들의 성향을 파악한 뒤 권유한다. 그래도 그중에는 꼭 후회하는 사람들이 있고 아파트를 매수한 지 얼마 안 되었는데도 많은 비용이 들어간 것을 무시하고 빨리 정리해 달라고 하는 경우도 많다. 그래서 초기자금이 많이 들어가는 부동산을 선택할 때는 좀 더 신중을 기하라고 당부하고 싶다.

이영광 씨 부부는 단지 세대수가 2,000세대 되는 곳의 아파트를 매입했다. 부부의 아파트는 2,000세대 중 맨 안쪽 끝자락에 위치하고 있었다. 그곳은 안쪽 깊숙이 있어서 조용하고 뒤에 산이 있어서 공기가 좋았다. 그런데 그게 집을 파는 데 문제가 되었다. 부부는 분당 금곡동에 위치한 노인복지주택 '더 헤리티지'를 분양받아서 입주하길 원했다. 그래서 최대한 집을 빨리 처분하고 싶어 했다. 처음에는 아파트 시세대로 내놓고 얼마간 기다렸지만 나가지 않았다. 부부는 돌아가면서 수시로 내 사무실을 방문해 나를 귀찮게 했다.

부부의 집을 방문할 때마다 나는 놀라움을 금치 못했다. 집은 항상 너저분했고 얼마나 바닥을 닦지 않았으면 집에 내 발자국이 생길 정도였다. 벌레가 기어서 몸속으로 들어오는 기분이었다. 청소를 해 놓아야 집이 빨리 나간다고 조언을 해 줬는데도 항상 똑같았다. 하루 종일 청소했다고 나에게 자랑을 해서 가 보면 전혀 깨끗하지 않았다. 이렇게 아파트가 지저분하면 잘 팔리지 않는다.

게다가 너무 안쪽 깊숙이 있어서 자녀가 있는 사람들은 싫어했다. 한참을 걸어오다가 지쳐 버리는 위치였다.

나는 집을 팔기 위해 최선을 다했다. 하지만 요즘 고객이 얼마나 똑똑한가! 장단점을 미리 말해 줘야 한다. 나는 집 안에 들어가기 전 놀라 자빠질까 봐 집을 보러 온 사람에게 미리 놀라지 말라고 한 뒤 집으로 들어갔다. 본인들에게 선택을 하게 해야 나중에 원망을 듣지 않기 때문이다.

문제가 되었던 것은 산과 너무 가까이 있어서 생긴 결로였다. 물론 관리가 잘 되어 있는 아파트도 많다. 다 그런 것은 아니지만 부부는 젊은 사람보다 게을렀다. 환기도 안 되고 습하다 보니 더 지저분해 보였다. 결국 영광 씨 부부의 아파트가 정리되기까지는 정말 많은 시간이 지나야 했다.

아파트는 내가 살기 불편하면 피해야 한다. 입주 물량이 너무 많아서 포화인 상태, 외딴곳에 위치한 아파트, 비역세권 아파트, 분양가가 높은 아파트 등 피해야 할 아파트는 정말 많다.

차경혜 씨는 아주 상냥한 중년 여성으로 취미생활로 여가를 보내는 분이었다. 회사를 운영하는 남편 덕분에 풍족한 생활을 하고 있었지만, 세상 물정은 아무것도 몰랐다. 부동산에도 전혀 지식이 없었고 그저 남편의 의견에 따라가는 편이었다. 나는 경혜 씨에게 10억 원이 넘는 명품브랜드 60평대 아파트를 계약해 주었다.

가끔 놀러 오라고 해서 방문하면 클래식을 틀어 놓고 차를 마시면서 한가롭게 여유를 즐기곤 했다. 그곳에서 바라보는 광교산 자락의 전망은 정말 아름다웠다. 그리 높지 않은 야산이면서 병풍처럼 깔린 울창한 숲을 보니 마치 한 폭의 그림 같았다.

그러던 중 경혜 씨의 남편이 강남으로 가길 원해 주상복합으로 옮기게 되었다. 그녀는 매입한 아파트를 수리할 때만 해도 정말 좋아했다. 그러나 얼마 가지 않아 다시 연락이 왔다. 이사 간 것을 후회하고 있다는 내용이었다. 경혜 씨에게는 시끄러운 강남보다 전망 좋고 조용한 곳이 더 어울렸던 것이다. 잘못 이사 간 것 같다며 나에게 하소연하던 기억이 난다.

아파트는 중요한 자산이다. 그곳에서 오래 살아야 할 수도 있고, 임대를 놓게 되기도 한다. 부동산 투자로 제일 많이 선호하는 곳도 아파트다. 또한 아파트는 우리 생활과 가장 밀접한 관계를 맺고 있다. 그러므로 조목조목 따져서 피해야 할 것은 피하는 안목을 키워야 한다.

돈 되는 아파트는
따로 있다

평택 고덕신도시의 아파트 분양 당시 동양파라곤의 평균 경쟁률은 49:1을 기록했고, 전국 각지의 부동산업자부터 떴다방(아파트 분양현장 주변에 철새처럼 모여드는 이동식 중개업소를 속칭)까지 몰리는 등 투자자들의 관심이 매우 뜨거웠다. 소형 아파트를 선호하는 이유는 저금리가 계속 이어지는 상황에서도 수익형 부동산으로서 활용도가 높기 때문이다. 소형 아파트만 잘 굴려도 시세차익을 보면서 매달 월세까지 받는 일석이조의 효과를 거둘 수 있다. 더군다나 오피스텔이나 도시형 생활주택도 월세 받는 수익형으로 선호하지만 시세차익을 내는 데는 소형아파트와 비교가 되지 않는다. 따라서 소형 아파트는 아직도 투자의 꽃이다.

문기범 씨가 처음 부동산을 찾은 것은 결혼하면서 임대를 구하기 위해서였다. 그는 아직 사회초년생이라 모르는 것투성이였기 때문에 도움을 주면 정말 고마워했다. 그렇게 인연이 되어 여러 번 통화하면서 나는 광교 이던하우스(현재 경남아너스빌) 아파트를 권유했다. 기범 씨가 분양권을 살 무렵은 아파트를 사야 하는지에 대해서도 확신이 서지 않을 때라 설득하는 데 꽤 애를 먹었다. 당시 그는 초기투자비용으로 7,200만 원이 들었다. 나는 33평 아파트를 4억 2,000만 원에 권리금 3,000만 원으로 계약해 주었다. 지금은 전세가 4억 5,000만 원에 매매가 5억 7,000만 원 정도 된다. 이렇게 누군가에게 확신을 가지고 사라고 권유했는데 나중에 올랐다고 고마워하면 정말 뿌듯하다.

소형 아파트는 다른 부동산보다는 쉽게 접근할 수 있다. 고수가 아니더라도 주변 환경과 교통, 초등학교 유무만으로도 성패를 판가름할 수 있다. 물론 결정은 자기 몫이기는 하나 거의 실패할 확률이 없다. 서브프라임모기지 사태 이후 경기가 힘들 때도 소형아파트 가격의 내림현상은 미미했다. 소형 아파트는 매매가격과 전세가격의 차이가 크지 않아 자기자본금이 많이 들어가지 않는다. 그래서 처음 부동산 투자를 생각한다면 소형 아파트부터 시작하는 것이 좋다.

아파트 매매를 해 주면서 알게 된 목사 유오진 씨는 현재 개척

교회를 운영하고 있다. 그는 교회에 할애하는 시간을 빼고는 온전히 부동산 투자에 집중한다. 본인이 개척교회를 운영할 수 있는 것도 부동산 투자 덕분이라고 했다. 오진 씨는 주로 소형 아파트를 매수한다. 보통 급매를 사서 월세로 임대를 주거나 경매 낙찰을 통해 임대를 준다. 그가 임대를 준 것만 해도 벌써 여러 채다. 그중 시세차익을 보면서 판 것만 해도 몇 채가 된다.

이렇게 소형 아파트를 매수해서 장기적으로 가지 않아도 시세차익을 보는 경우가 많다. 전세수요는 많은데 공급량은 부족해 품귀현상이 일어나기 때문이다. 그리고 한 해가 지나면 전세가는 또 올라가 있는 실정이다. 따라서 호재가 있는 지역들은 가격이 상승할 수밖에 없다. 집값 상승률도 전용면적 $60m^2$ 이하인 경우가 가장 높았다고 한다. 이렇게 가격이 오를 수밖에 없는 원인은 2~3인 구성의 가구가 계속 늘어나고 있고 전셋값 상승으로 인해 평수를 줄여서 이사를 가기 때문이다.

나는 법원에 자주 들른다. 사람들이 무엇에 관심을 갖는지, 요즘 부동산 트렌드가 어떻게 돌아가는지를 보는 방법으로 경매장을 빼놓을 수 없다. 경매에서 가장 많은 경쟁자가 몰리는 것은 단연 소형 아파트다. 마치 밀물과 썰물이 왔다 갔다 하듯이 소형 아파트의 입찰만 끝나면 경매장이 조용해진다. 그만큼 사람들의 관심을 많이 받는 것이다. 소형 아파트는 앞으로도 독보적인 행보를 이어갈 것으로 보인다.

몇 해 전, 동탄2신도시에 아파트를 분양받았다. 25평 아파트로 골프장이 보이고 전망이 아주 좋은 곳에 위치한 아파트였다. 지금은 분양가보다 1억 원이 넘게 올랐다. 나는 그렇게 좋은 물건을 가지고도 가격이 올라가자 빨리 팔고 싶어서 안달이 났다. 얼마 후 몇천만 원의 웃돈을 받고 넘겼다. 그 후로도 아파트는 계속 고공행진을 했다. 이처럼 소형 아파트는 급하게 팔아 치울 필요가 없다. 시간이 더 지난 후 팔았더라면 하는 후회가 밀려오지만 이미 내 손을 떠난 지 오래다.

소형 아파트는 안정적인 임대 수익에 시세차익까지 노릴 수 있어서 선호도가 높다. 게다가 이혼가구, 고령화, 1인 가구 등의 증가로 수요층에 비해 공급량이 턱없이 부족한 편이다. 그래서 소형 아파트를 가지고 있는 임대인은 갑이다. 요즘은 부동산 중개업소들이 서로 임대물건을 구하기 위해 수건까지 집으로 보내는 것을 보고 놀랄 정도다. 그만큼 공급물량이 부족하다는 것을 알 수 있다. 물론 그 주변 환경과 교통을 고려해 매매시세와 수익률도 꼼꼼히 비교 분석해야 하는 것을 잊지 말아야 한다.

외국에서 오랫동안 공부하고 현재 연구원으로 근무 중인 김유진 씨는 혼기가 꽉 찬 30대 중반의 나이지만 부모님과 함께 살고 있다. 연구원으로 근무하면서 연로하신 부모님의 생활비까지 책임지는 그녀는 가장으로서 열심히 살고 있었다. 임대를 놔 주면서 그녀의 속사정을 듣게 되었는데, 월급은 많이 받아도 정작 자기를 돌아보는 데 신경을 쓰지 못했다고 했다. 그녀는 시집가려고 모아놓은 돈이 전부라고 했다. 부모님과 가정을 꾸려 가느라 부동산 투자는 생각지도 못했다고 했다.

유진 씨가 부동산 투자에 관심을 갖게 된 것은 연봉이 5,000만 ~6,000만 원이 되면서부터였는데, 부동산이 하나도 없는 것을 보고 오히려 주변 사람들이 의아해한다고 했다. 나는 그녀에게 소형아파트를 임대라도 놓았다가 가격이 오르면 팔 수 있도록 갭투자를 권했다. 현금 보유가 많지 않아서 월세를 받기보다는 갭투자가 적합하다고 생각해서였다. 그리고 만약 시집을 가게 되면 당장 팔아야 되는 경우도 고려했다. 내 제안에 그녀도 흔쾌히 수락했다. 그렇게 이곳저곳을 알아보다 소형평수로 17평 두 곳을 계약해 주었다. 당시 매매가 1억 5,000만 원에 전세보증금 1억 2,000만 원으로 총 실투자비용 3,000만 원에 경비가 별도로 들었다. 현재 그곳의 아파트 시세는 한 채당 2억 3,000만 원까지 올랐다.

이렇게 부동산에 투자하면서 차익을 본 사람이 주변에 많다. 특히 소형 아파트의 경우는 금맥을 찾아서 투자한다면 충분히 수익을 낼 수 있는 아주 좋은 상품이다.

몇 해 전, 동탄2신도시 청약 붐이 지속적으로 일기 시작하던 때였다. 그때는 청약만 되면 권리금이 수천만 원씩 올랐다. 시장의 흐름을 읽고 가만히 있을 내가 아니었다. 당시 소형 아파트의 열기가 엄청났고 다른 평수보다 20평대의 청약률이 높아 당첨되기가 쉽지 않았다. 나도 한 개라도 당첨되기 위해 여기저기 청약을 넣기 바빴다. 부동산으로 계약을 하는 것도 중요하지만 당첨만 되면 돈이 왔다 갔다 하는데 그냥 흘려버릴 수는 없었다.

나는 청약이 있기 며칠 전부터는 더 바빴다. 나도 잘 돼야 하지만 내가 관리하는 고객이 한 개라도 당첨되기를 진심으로 바라면서 문자를 보냈다. 그렇게 문자를 받은 분들은 궁금한 게 많았다. 어디를 청약해야 하는지, 타입은 무엇으로 넣어야 하는지, 어디 위치가 좋은지 쉴 새 없이 전화와 문자를 했다. 궁금함을 해소해 주려면 며칠간 전화가 불날 정도로 몸살을 앓았다. 나도 운 좋게 동탄2신도시 골프장이 보이는 전망 좋은 위치의 반도유보라아파트 25평에 당첨이 되었다. 지금은 분양가보다 1억 원이 훨씬 넘게 올랐다. 당시 몇천만 원의 권리금을 받고 넘겼다.

부동산은 무엇에 투자하느냐에 따라 시간이 지나면서 격차가 크게 벌어진다. 소형 아파트일수록 환금성이 뛰어나고, 어떤 위기가 닥쳤을 때 매매로 내놔도 금방 정리가 가능하다. 실패하지 않고 안정적인 투자를 원한다면 소형 아파트를 권한다.

PART 4

소액 부동산 투자로 평생 수입 만드는 9가지 기술

지역의 특색을 파악하여
맞춤 투자처를 찾아라

오랫동안 쉼 없이 일하며 달려온 결과 스트레스 누적으로 수년 전부터 몸에 이상이 나타나기 시작했다. 평택으로 부동산 중개업소를 이전하기 전까지 너무나 몸을 혹사했다. 유방암 수술을 하고 얼마 지나지 않아 위에 혹이 생겨 또 수술을 했다. 한 곳이 나으면 또 어딘가에 이상이 생겼다. 머리가 아파서 MRI를 찍었는데 뇌 가운데가 좁아져 위험할 수도 있다고 했다. 게다가 자궁의 종양을 제거하기 위한 수술을 하기도 했다.

평택에 오기 전 나는 하루 종일 10분도 쉬지 못하고 전화에 매달려야 했다. 나는 멈추지 못하는 기계였다. 돌아가는 기계를 누군가 멈춰 주지 않았고 그 길이 옳은 길인 줄만 알았다. 누가 그렇게 몸을 혹사하라고 시키지는 않았지만 일을 만들어서 하다 보니 쉴 틈이 없었다.

부동산 사무실로 찾아오는 고객들로 인해 저녁이면 몸은 언제나 녹초가 되었다. 게다가 인터넷, 블로그, 카페 등에 밤늦게까지 글을 올리다 보면 자정을 훌쩍 넘겨 잠들곤 했다. 또 가만히 있는 성격이 못 돼서 쉬는 날이면 시간이 없어 가지 못한 임장을 다녔다. 휴가나 명절 때는 화장실도 못 갈 정도로 전화벨이 울려 어디 가는 것은 엄두도 내지 못했다. 당시는 인터넷 매물도 많이 올려놓은 때라 어쩔 수 없었다.

아이들과 외식을 하기 위해 밥을 먹으러 가서도 울려대는 전화벨 통에 아이들이 전화를 꺼 놓으라고 핀잔을 줄 때가 한두 번이 아니었다. 그럴 때면 나는 오히려 아이들을 나무랐다. 고객들 덕분에 엄마가 돈을 버는데 항상 감사하게 생각해야 한다고 말이다. 나를 찾는 고객에게 성심을 다하고 싶어 내 몸이 망가지는 것은 뒷전이었다. 유방암으로 수술하고도 나를 돌아보지 않고 몸을 혹사했으니 정말 어리석었다.

그뿐이 아니다. 쉬는 날에도 집을 보여 달라고 하면 나는 거절할 줄 몰랐다. 어디 외출을 했다가도 달려가서 보여 주었다. 고객이 시간이라도 지켜서 오면 그나마 다행이었다. 몇 시간씩 늦으면서도 미안하다는 말 한마디도 없는 사람도 있었다. 그러다 보면 쉬는 날 내 개인적인 용무는 볼 수 없을 정도였다.

결국 이런 식으로 돈을 버는 방법에 문제가 있음을 깨달았고 부동산을 그만하고 싶었다. 그렇게 지쳐갈 무렵 새로운 돌파구를 찾고 싶었다. 내가 10여 년 동안 닦아 놓은 부동산 중개업소를 남에게 준다고 생각하니 아까운 마음이 커서 고민을 많이 했다. 그동안 쌓아 놓은 것을 남에게 주기는 싫었지만, 아픈 몸도 관리해야 했고 당시 고3이었던 아들도 마음에 걸렸다. 결국 중개업소 운영권을 넘기기로 결단을 내렸고, 현재는 평택으로 부동산 중개업소를 옮겨 일하고 있다.

한 치 앞도 내다보기 어려운 시대다. 1년에 몇 억 원씩 벌던 부동산 중개업소를 남에게 넘기는 결정은 정말 힘들었다. 사람들은 잘되는 부동산을 왜 넘기고 가는지 이해를 못했다. 그러나 이것은 또 한 번의 의식성장의 계기가 되었다. 어떤 길이 두렵다고 머무르기보다는 도전해 보는 것도 나쁘지 않다고 생각한다. 그래서 나는 부동산 활동을 하는 와중에도 〈한책협〉에서 김태광 대표 코치의 〈책쓰기 과정〉을 들으며 퍼스널 브랜딩을 위한 글쓰기에 전념했다. 이미 1인 기업가로서 성공 가도를 달리고 있는 김태광 코치의 조언 덕분에 나의 부동산 투자 노하우가 담긴 책을 출간할 수 있었다.

부동산 중개를 하면서 깨달은 것은 모든 사람이 투자해서 돈을 버는 것은 아니라는 것이다. 물론 내가 권유했던 물건도 고객들이 손해 본 경우도 있었다. 서브프라임모기지 사태 이후, 아파트 분양권에 투자하면서 같이 샀던 고객도 고스란히 손해를 봤다. 그럴 때 어떤 분은 부동산을 잘못 사 줬다고 무척 나를 원망했다. 일부러 그런 것은 아니지만 정말 미안했다.

이렇게 부동산은 나라의 상황에 따라 급변해서 간혹 손해를 볼 수 있기 때문에 리스크를 안고 가야 하는 경우도 있다. 그런 것을 미연에 방지하기 위해 지속적으로 정보 수집을 하고 공부를 해야 한다. 내가 수십 년의 부동산 투자 경험이 있다 하더라도 완벽할 수는 없다. 경험이 없는 사람보다 조금 앞서갈 뿐이다.

나는 평택 현덕지구에 관심이 많았다. 좋은 정보를 얻기 위해 여기저기 발품을 팔았다. 현덕지구에 관해서는 부정적인 사람과 긍정적인 사람으로 의견이 갈렸다. 그래도 평택항 부근을 수십 번 가 보면서 확신이 생겼다. 그렇게 현덕지구 내에 땅을 구입하게 되었다. 그 후 순조롭게 일이 진행된다는 뉴스가 연일 기사로 도배되었다. 현덕지구 내는 내가 땅을 사면 대토보상(현금 대신 토지로 보상하는 것)을 해 준다. 10여 년 전부터 진행되던 사업이라 대부분은 부정적인 시각으로 보면서 찬반이 많이 갈렸던 곳이다.

그리고 2016년 11월 24일 경기도 황해경제자유구역청과 중국 초영실업그룹이 현덕지구에 투자유치 MOU(투자에 관해 합의한 사항을 명시한 문서)를 체결했다는 소식이 들려왔다. 1조 7,209억 원을 투자하는 그곳은 1만 900명의 고용유발 효과를 낼 것이라고 한다. 발표 후 고객들에게 문의전화가 많이 왔다. 게다가 부동산 회사들도 너도나도 사기를 원해서 땅값은 계속 올랐다. 이처럼 지역 이슈를 먼저 파악해야 한다.

나는 부동산에 관해서는 누구보다 욕심이 많다. 부동산을 사기 위해 여기저기 발품을 판 지역만 해도 엄청나다. 그렇게 임장을 다니면서도 즐겁다. 나의 고급놀이터는 언제나 현장이다.

최나연 씨는 오랫동안 학원을 운영하면서 제법 돈을 벌었다. 그녀가 전세로 살던 당시 내가 집을 사야 된다고 강하게 추천했고 추후 집을 장만하게 되면서 인연이 되었다. 그녀는 여윳돈은 있지만 시간이 없어서 부동산에 대한 지식이 전무했다. 내가 그녀에게 가지고 있는 돈으로 투자하라고 하면 웃기만 했다. 나연 씨 남편도 여윳돈을 다 써도 모자라는데 즐기면서 살지 무슨 투자냐며 고개를 저었다. 가끔 제과점에 들려 빵을 사다 주면서도 바쁘다며 급하게 가곤 했다.

그러나 나연 씨는 오랜 학원 운영에 지쳐 있었다. 뭔가 돌파구를 찾고 싶어 했다. 그러던 어느 날, 프랜차이즈로 카페를 하나 내고 싶은데 위치를 좀 봐 달라며 요청을 해 왔다. 그곳은 서울 길동 부근이었는데 프랜차이즈 카페를 내기엔 너무 외졌고 유동인구도 많은 곳이 아니었다. 나는 좀 더 신중히 생각하라며 그녀를 말렸다. 며칠 후 그녀에게서 연락이 왔다.

"사장님, 저 카페 계약했어요. 신경 써 주셔서 감사해요."

"잘했네, 축하해. 대박 나길 바라."

이미 엎질러진 물을 주워 담을 수도 없어 좋은 말로 마무리했다. 처음에는 걱정이 돼서 어떻냐고 물어보면 장사가 잘 된다고 해서 그런 줄로만 알았다.

어느 날, 나연 씨에게 연락이 왔다. 가게를 처분하면서 계약서를 어떻게 써야 하는지 자문을 받기 위해서였다. 그렇게 그녀는 카페를 하면서 권리금, 프랜차이즈 비용, 인테리어 비용으로 무려 3억 5,000만 원을 날렸다. 전문가의 말을 귀담아듣지 않고 부동산 파악도 되지 않은 상태에서 너무 서둘러 일을 진행한 결과 힘들게 번 돈을 다 날리고 말았다.

부동산은 본인의 자산을 토대로 투자하는 것이다. 그 지역의 특색을 파악하고 부동산 중개업소를 통해 접근하는 것이 가장 중요한 핵심이다. 부동산 특성상 동일한 부동산은 없다. 도시개발, 기업도시, 혁신도시, 행정복합도시, 신도시, 뉴타운 등을 보아도 투자처는 무궁무진하다. 아직도 대한민국 곳곳의 좋은 투자처가 밥상을 차려 놓고 우리를 기다리고 있다.

20대는
부동산 소액 투자가 답이다

한아영 씨와는 10여 년 전 인터넷을 보고 연락을 해 와서 알
게 되었다. 그녀는 제약회사에 다니는 풋풋한 20대 아가씨였다.
연봉도 당시 5,000만 원 정도 되었으니 월급도 굉장히 많은 편이
었다. 그녀는 오직 역세권 오피스텔만 공략했고, 나는 그녀를 위
해 좋은 매물을 찾아 주었다. 당시 나는 오피스텔이 돈이 안 된다
고 생각해 별 관심이 없었다. 그러나 그녀 덕분에 서서히 오피스
텔에 눈을 뜨기 시작했고 수익형 부동산을 다시 보게 되었다. 그
전에는 아파트에만 관심이 있었고 소액투자보다는 금액이 큰 아
파트에만 집중적으로 관심을 가졌다.

아영 씨가 구입한 오피스텔은 분당 정자역 부근이었는데, 당시 오피스텔 가격이 7,000만 원으로 전세가격 6,000만 원과 실투자금 1,000만 원이 들었다. 현재 시세는 1억 8,000만 원으로 전세가는 1억 5,000만 원이다. 신분당선이 들어오면서 그곳은 이제 젊은 층의 임대 선호도가 높은 지역이 되었다. 아영 씨는 다른 투자처도 지속적으로 찾았다. 그렇게 오피스텔 사냥이 시작되었다. 그러는 동안 정자역 부근의 오피스텔은 가격이 계속 올랐다.

아영 씨는 나를 만난 게 큰 행운이라고 말했다. 그러나 나는 반대로 생각한다. 그녀를 만난 것이 내게 행운이었던 것이다. 아영 씨는 본인에게 맞춰 줄 수 있는 중개사가 필요했고 나에게는 그녀가 큰 고객이었다. 한 건 두 건 계약 건수가 올라갈 때마다 수수료도 많이 깎아 주었다. 아영 씨는 좋은 물건을 발품 팔아 찾아 준다며 진심으로 고마워했지만 나는 진심으로 그녀가 고마웠다. 그녀는 회사 일정이 바쁜 관계로 잠깐씩 짬을 내 오피스텔을 얼른 보고 계약하곤 했다. 나는 그런 그녀의 사정을 파악하고 시간을 낭비하지 않도록 일정을 맞춰 주었다.

그런 와중에도 잔금을 치르는 날이면 그녀는 일부러 휴가를 냈다. 셀프등기도 본인이 직접 하기 위해서였다. 아영 씨는 이전등기 하는 것에 서툴렀지만, 구청과 은행을 방문해 모르면 물어서 해 나갔다. 나는 그녀에게 귀찮지 않냐며 법무사에 맡기라고 권유했지만 그녀는 그 돈을 보태서 오피스텔을 하나라도 더 사고 싶다고 했다. 나도 독하게 살았지만 나보다 더한 아가씨라는 생각이 들었다. 어떤 때는 사 준 지 얼마 안 돼서 몇 천만 원을 남기고 팔게 되는 운도 따랐다. 그럴 때면 아영 씨는 월세를 끼고 다시 오피스텔을 샀다. 투자를 제대로 할 줄 아는 친구였다.

나는 그때 알았다. 고객에게도 많은 것을 배우게 된다는 것을. 당시는 전문가의 입장으로 연결을 해 주다 보니 내색은 하지 않았지만 나보다 시장을 보는 눈이 훨씬 높았다. 그녀는 다른 직원들을 나에게 소개시켜 주었다. 연결이 꼬리에 꼬리를 물면서 당시 꽤 많은 계약을 할 수 있었다. 그 후 아영 씨는 결혼해서 뉴질랜드로 떠났다. 가끔 한국에 들어와 나에게 안부도 전하고 여러 가지 이야기도 들려주곤 한다.

20대는 아주 젊은 나이이다. 시간은 돈으로 절대 살 수 없다. 20대라고 해서 부동산 투자가 너무 이르다고 생각하지 말았으면 한다. 마인드를 바꾸고 돈 버는 습관을 만들어 간다면 20대에도 충분히 부동산 투자를 할 수 있다. 그러기 위해서는 종잣돈을 만들어 가는 습관이 중요하다. 꼭 필요한 절약, 저축, 그리고 부동산에 관한 공부를 하라. 그렇게 소액으로라도 부동산에 투자하는 습관을 길러야 안목이 생긴다.

얼마 전 한 법인학원의 전 이사장이 부동산 투기를 추천하는 졸업축사로 물의를 빚었다는 기사를 보았다.

"예전처럼 착실하게 저축해 봤자 물가가 높이 올라가기 때문에 시간이 지나면 불리하다. 부동산 투기는 욕을 먹기도 하지만 앞으로 값어치가 많이 올라갈 수 있는 대도시 주변의 부동산이라든가 또는 기타 등등에 여러분들이 꾸준히 투자해서 장래를 대비할 필요가 있다."

축사 내용이다. 물론 이사장의 말에 적극적으로 동감하지는 않는다. 내 생각에는 본인이 살아오면서 느꼈던 것을 설명하려고 했던 것 같다. 사회가 불안정하고 경기 침체가 심해지다 보니 앞날을 대비하라는 뜻이었을 것이다. 본인의 경험을 메시지로 전달한다는 것이 투기강의가 되어 버렸지만 어느 정도 공감이 간다.

오래전 부동산을 의뢰했던 20대의 고시생이 있었다. 현금을 2억 원 정도 보유하고 있었는데 매달 월세를 받고 싶어 했다. 그걸로 고시원 방값과 생활비를 충당하고자 했던 것이다. 부모님은 시골에 계셨지만 집안 형편은 넉넉해 보였다.

그런데 문제는 그에게 결정력이 전혀 없었다는 것이다. 2억 원이라는 돈이 당시 정말 큰돈이긴 했지만, 좋은 부동산을 권유해도 그는 항상 부정적이었다. 부동산을 브리핑하면 눈동자가 흔들렸다. 혹시 사기를 당하는 것은 아닌지 의심하는 눈초리였다. 수익률이 좋은 상가를 권해도 대답이 없었다. 오피스텔을 권해도 함흥차사였다. 그에게 수익률이 나올 만한 부동산을 찾아 주고자 많은 노력을 했지만 결국엔 내가 포기하고 말았다. 나는 그에게 현금은 그냥 은행에 예금으로 넣어놓고 안정적으로 생활비를 받는 게 훨씬 유리하다고 전했다.

공인중개사로서 반드시 고객을 설득해서 계약을 성사시키고 싶을 때도 있지만 이런 경우처럼 고객을 포기하고 싶어질 때도 있다. 본인이 경험이 부족하면 남의 말을 귀담아듣는 자세도 필요하다.

재테크 투자에 100% 성공하기 위해서는 타이밍이 중요하다. 타이밍이 50% 정보가 50%다. 경제신문을 꾸준히 읽고 정보를 알아 두었다가 타이밍을 보는 습관을 길러라. 그리고 부동산 투자에 도사리고 있는 위험도 파악할 줄 알아야 한다. 이런 것들은 절대로 거저 얻어지지 않는다. 항상 몸에 습관으로 배어 있어야 그만큼 위험을 헤쳐 나갈 수 있는 능력이 생긴다. 20대에 부동산 투자에 관심을 가지는 것을 너무 이르다고 생각하지 말자. 20대일수록 판단력도 빠르고 정보도 스펀지처럼 빨리 빨아들인다. 젊을수록 재테크하기 좋은 나이라는 것을 명심하자.

할 수 있는
부동산 투자에 집중하라

요즘 30대들의 관심이 부동산에 쏠려 있다는 것을 신문에서 종종 읽는다. 그만큼 사회가 많이 변하고 있다. 그들은 그룹으로 경매장에 몰려다니고 아파트, 분양권 등에 다양하게 투자하고 있다. 부동산 사무실에도 삼삼오오 무리 지어 와서는 이것저것 물어보고 썰물 빠지듯 혼을 빼놓고 나가는 일도 많아졌다. 그만큼 30대들의 부동산에 대한 관심이 날로 늘어나고 있다. 그들의 종잣돈은 2,000만 원에서 많으면 1억 원 정도지만, 이런 경우에도 얼마든지 투자해서 수익률을 올릴 수 있다. 30대 부동산 투자자는 대부분 어느 정도 인터넷이나 블로그로 공부를 하고 방문하기 때문에 50~60대보다는 훨씬 설명하기가 편하다. 그들은 오피스텔, 아파트, 분양권, 상가, 점포주택지, 토지 등 가격대별로 본인의 성향에 맞는 투자를 원한다.

아파트에 투자해서 매달 월세를 받는 박호진 씨의 이야기다. 그는 한창 직장생활을 하느라 바쁜 나날을 보내는 와중에도 부동산에 대한 관심이 많았다. 부모님이나 친구들이 이미 부동산으로 수익을 본 상태였기 때문이다. 호진 씨는 매달 월세라도 나오길 바랐다. 가지고 있는 돈은 1억 5,000만 원 정도로, 또래들보다 연봉이 많아서 제법 돈을 모은 상태였다. 그는 용인 수지에 위치한 22평 아파트를 1억 6,000만 원에 구입해 보증금 2,000만 원, 월세 80만 원을 받으며 연 960만 원의 수익을 올리게 되었다. 그 지역은 현재 신분당선의 개통으로 가격이 2배 정도 올랐다. 호진 씨는 사실 부동산에 대한 정보가 많지는 않았지만, 정보력이 있는 어머니 덕분에 많은 수익을 낼 수 있었다.

부동산 투자를 하려면 돈이 있어야 한다. 물론 그중에는 돈이 없어서 퇴직금을 미리 받아서 투자하는 사람들도 있지만 이런 경우는 극히 드물다. 그들은 인터넷으로 모임을 만들어 공격적으로 투자한다. 그리고 정보를 듣기 위해 수없이 부동산을 방문하고 전화로 상담을 한다. 그렇지만 대부분은 돈이 없어도 손쉽게 할 수 있는 주식이나 펀드에 집중한다. 이렇게 아무것도 모르는 상태에서 정보 부족으로 아까운 시간을 낭비하는 사람이 많다. 아직도 학자금 대출금을 갚고 있는 경우나 군대를 갔다 온 뒤 취업한 지 얼마 안 된 경우도 많다. 나는 우선 저축부터 해서 종잣돈을 만들라고 권하고 싶다. 지금부터라도 소액으로 투자가 가능한 부동산에 눈을 돌리면 좋은 투자처를 발견할 수 있을 것이다. 공격적이기보다는 안정적인 투자를 권하고 싶다. 사회초년생에겐 부동산 투자 기회가 많이 있기 때문이다.

오래전부터 거래했던 안정민 씨 부부가 있다. 부부와 처음 거래를 시작한 것은 10여 년 전이다. 정민 씨는 대기업 직장인, 부인은 연구원으로 둘의 연봉을 합쳐서 1억 원 정도 된다고 했다. 부부는 주말마다 시간이 나는 대로 들러서 아파트를 보았다. 내가 처음 계약을 성사시킨 곳은 50평대 아파트로, 투자할 당시 가격이 4억 8,000만 원이었다. 정민 씨 부부가 갖고 있는 돈은 1억 원이 전부였는데, 마침 매도자가 매도 후 전세로 2년 정도를 살고 싶어 했다. 매도자는 판교 아파트에 당첨이 되어 여윳돈이 있었다. 그래서 나는 부부의 전후 사정을 설명한 뒤, 매도자에게 전세금은 없어지는 돈이 아니니 전세보증금을 높여서 계약해 줄 것을 부탁드렸다. 당시 전세시세가 2억 8,000만 원이었는데 전세금을 3억 2,000만 원에 하고 융자를 6,000만 원을 받아서 계약할 수 있었다.

이처럼 주변을 찾아보면 생각지도 못하게 좋은 쪽으로 마무리

되는 경우가 있다. 지금은 아파트 가격도 많이 올랐고 전세시세도 무려 5억 원이다. 그 뒤로 정민 씨 부부와 나는 서로 가족처럼 많이 친해졌다. 그들은 내가 하는 말을 항상 귀담아듣고 시간이 날 때마다 방문했다. 여름철 더울 때는 시원한 음료수를 사서 오고 겨울에는 따뜻한 커피를 들고 찾아왔다.

투자했던 아파트의 대출금이 정리되자 차곡차곡 모은 돈으로 투자를 하고 싶어 했다. 두 번째로 추천해 준 곳은 39평 아파트로 시세보다 2,000만 원 정도 싸게 살 수 있었다. 매매가는 4억 원으로, 전세보증금 2억 8,000만 원, 융자 5,000만 원, 현금 7,000만 원을 투자했다. 그리고 2년 후 1억 원 정도의 시세차익을 보고 거주하던 임차인에게 팔았다.

세 번째로 투자했던 부동산은 30평대 미분양 아파트였다. 주변 아파트 분양가보다 싸게 나와 경쟁력이 있었다. 당시 나도 아파트 분양권을 사서 이익을 남기고 정리했다.

부부는 지금도 그 아파트를 보유하고 있다. 당시 분양가는 4억 2,000만 원이었는데 전세시세가 현재 4억 8,000만 원이다. 부부는 지금도 끊임없이 부동산에 관심을 갖고 있다.

그들은 부동산을 보는 감을 지속적으로 키워 왔다. 시간이 없어 쉽게 할 수 있는 주식을 하다가 5,000만 원 정도 손해를 본 뒤 주식 근처도 안 간다고 했다. 그러면서 부동산에 관심을 가지게 되었다고 했다. 정민 씨는 부동산을 방문해서 정보를 얻는 것을 게을리하지 않았다. 일주일 내내 밤늦게까지 일하고도 궁금한 게 있으면 내 사무실에 들러서 많은 정보를 얻어 갔다.

한번은 대기업에 다니는 한 고객이 죽을상을 한 채로 내 사무실을 방문했다. 그는 투자를 하면 시세차익을 볼 수 있다는 말만 듣고 아파트 분양권 1층을 덜컥 계약했다고 했다. 아무런 정보 없이 남의 말에 속았던 것이다. 그는 하루가 멀다 하고 내게 전화해서 부탁했다. 그러나 당시 그가 계약한 58평 아파트는 선호도가 떨어지는 1층이 문제였다. 물론 어린이집을 운영하는 경우나 아이들이 많은 집은 선호하기도 한다. 하지만 당시 그곳은 분양가만 10억 원이었다. 가격을 내려도 나가지 않았었다. 나는 극단의 조치로 분양가 아래로 팔라고 권유했다. 결국 그 고객은 신용대출과 부모님의 도움으로 돈을 더 줘 가면서 1억 원의 손해를 보고 정리할 수 있었다. 이런 뼈아픈 사례만 해도 수백 건이다.

부동산은 끊임없이 노력해야 한다. 이 세상에 쉽게 얻어지는 것은 아무것도 없다. 돈이 많이 없어도 그만큼 공부하면 길이 보인다. 부동산 일을 하면서 정말 가슴 아픈 사연들을 많이 본다. 내 소중한 돈을 지키기 위해서는 신중에 신중을 기해야 한다. 그리고 끊임없이 관심을 가지고 지켜봐야 한다. 돈이 많이 모인 뒤에 투자해도 된다고 생각하면 그때는 부동산 가격이 올라 있을 것이다.

투자할 정도의 종잣돈이 조금이라도 준비되어 있다면 워밍업
하는 셈 치고 단계적으로 시작해 보라. 30대가 투자할 수 있는
부동산은 이미 주변에 많이 포진되어 있다. 부자는 누가 만들어
주는 것이 아니다. 내가 관심을 가지는 만큼 돈을 벌 수 있다. 노
력한 사람이 대박의 운도 꿈꿀 수 있지 않을까.

금액에 맞게
오피스텔에 투자하라

얼마 전, 오래전부터 자식들을 통해 아파트 여러 채에 투자했던 장준영 씨에게서 연락이 왔다. 당신이 투자한 오피스텔이 궁금해서 가 보고 싶은데 너무 멀어서 평택역에서 내려 주면 버스를 타고 가겠다고 했다. 그날은 나도 다른 일들이 겹쳐서 아들이나 며느리에게 부탁하십사 말씀드렸지만 바쁘고 미안해서 말을 못한다고 했다. 결국 나는 같은 방향은 아니었지만 출근길에 준영 씨를 태우고 평택에 진입해 서정리역에 내려 드렸다.

준영 씨가 오피스텔을 사게 된 경위는 이렇다. 자식의 집을 팔기 위해 한 부동산 사무소에 잠깐 들렀다가, 남편을 여읜 뒤 돈이 있다는 것을 알게 된 부동산 사무소 측에서 오피스텔을 권했던 것이다. 그렇게 준영 씨는 일사천리로 오피스텔 두 곳을 계약해 버렸다. 나는 준영 씨가 좀 더 환금성이 좋은 곳으로 계약했더라면 하는 아쉬움이 남았다. 그 오피스텔은 아직 유동인구가 많지 않은 곳이라 사정이 어떨지 불 보듯 뻔했다.

나는 그가 오피스텔을 잘 찾아갔는지 궁금해서 전화를 걸었다. 그러나 근처 부동산 사무소에 갔는데 좋게 말하는 사람이 하나도 없다며 서운해했다. 마치 속아서 산 것 같다는 것이다. 자식들에게 한소리를 듣고 나서 팔려고 갔는데 살 사람도 없다고 했다. 내 생각에는 임대를 맞추기에도 시간이 필요한 지역이었다. 이처럼 판단을 잘못하면 투자 후 속을 썩고 힘들어하는 경우가 많다.

요즘은 많은 사람들이 수익형 부동산에 관심을 갖는다. 그런데 자세한 시장조사도 없이 영업사원의 말만 믿거나 부동산 사무소의 말만 믿고 쉽게 계약을 한다. 오피스텔 같은 경우는 주변 상태에 따라 원룸 선호지역과 투룸 선호지역으로 나뉜다는 것도 고려해야 한다. 소액투자자나 연세가 있는 분은 공격적인 투자를 하기보다 안전하게 가면서 수익을 추구하는 것이 좋다.

사업가 최연식 씨는 윤택한 생활을 하면서도 틈틈이 정보를 얻기 위해 오전 9시면 차를 마시러 매일 내 사무실에 들른다. 굳이 부동산 이야기가 아니어도 가족 이야기부터 본인의 자랑 등 많은 이야기를 30분 정도 꺼낸 뒤 본인 사업장으로 출근을 한다. 부동산 회사를 운영하다 보면 부동산과 관련 없는 일로도 많은 시간을 소비할 때가 있다. 그리고 부동산과 관련이 없다 하더라도 같이 이야기를 나누다 보면 자연스럽게 계약으로 연결되곤 한다.

연식 씨는 나름 크게 사업을 했다. 나와 거래를 한 지도 거의 10년이 넘었다. 그동안 나는 그의 속을 썩이는 오래된 아파트를 팔아 주었다. 아파트는 언덕에 위치해 있었고 겨울이면 길이 미끄러워 올라가기도 힘들었다. 분양받은 시기와 낮은 인지도 등 여러 가지 단점이 많아서 집을 정리하는 데 꽤나 애를 먹었다. 그 뒤로 연식 씨는 나의 말을 100% 신임해 이것저것 투자를 해서 재미를 많이 보았다.

한번은 내가 오피스텔에 투자를 했다고 하자 본인도 하고 싶다고 했다. 그래서 광교 신분당선 부근의 오피스텔 분양권 4개를 사 드렸다. 처음에는 무척 좋아하면서 박 사장 덕분이라고 입에 침이 마르도록 칭찬을 했다. 그런데 막상 입주 때가 다가오자 연식 씨는 굉장히 초조해했다. 누가 뭐라 하든 귀를 닫아야 한다는 나의 조언도 듣는 둥 마는 둥 했다. 주변에서 누군가 오피스텔을 잘못 산 것 같다고 하면 바로 사무실로 달려왔다. 건물이 올라가는 동안 "세대수가 많아서 임대가 나갈까?" 하면서 걱정했다. 분양받은 오피스텔은 몇천 세대가 한꺼번에 몰리면서 처음에는 임대가 맞춰지지 않으니 조금 기다려야 한다고 말씀을 드려도 소용이 없었다. 오피스텔을 잘못 샀느니 하면서 하루에도 몇 번씩 나를 들들 볶았다. 괜히 오피스텔을 사서 정말 후회스럽다며 당장 몇 개를 팔아 달라고 한 적도 있었다.

나는 신분당선 역세권이니 걱정하지 않아도 된다고 했지만 연식 씨의 잔소리는 임대가 나갈 때까지 계속되었다. 몇 달이 걸릴 줄 알았던 임대는 거의 한 달 만에 전부 소진되었다. 나는 그에게 너무 급하게 서두르지 말고 조금 기다렸다 임대를 놓으라고 권했다. 임대가 소진되면 제대로 임대료를 받을 수 있다고 충분히 설명해 드렸는데도 그는 내 말을 믿지 않았다. 그는 주변 부동산에서 1년이 넘을 수도 있다고 싸게라도 놓아야 된다는 말에 시세보다 훨씬 싼 가격에 임대를 주고 말았다. 얼마 후 임대가 소진되자 임대료를 10만 원 이상 올려도 물건이 없었다. 연식 씨는 "박 사장 말을 들었어야 되는데."라며 뒤늦게 후회했다.

다행히 임대를 놓았던 사람 중 사정이 생겨 만기 전 이사하는 경우가 생기면서 훨씬 높은 임대료를 받게 되었다. 지금은 절대 안 판다며 정말 잘한 것 같다고 이야기한다. 그 이후 연식 씨는 나를 만날 때마다 싱글벙글이다.

부동산 투자 시 부동산이 가격을 만드는 게 절대 아니다. 좀 더 시간을 가지고 한 박자 늦춰서 가격을 만드는 것은 바로 투자자다. 조급해하거나 불안해하면 부동산 업자들이 재빨리 가격을 후려친다.

오피스텔 투자는 쉽게 따라 할 수 있다. 오피스텔은 주로 역세권에 위치해 있어서 젊은 수요자가 계속 밀려오는 곳이다. 그래서 유동인구가 넘쳐난다. 오피스텔은 적은 돈으로 안전하게 투자할 수 있어 좋은 투자처다. 오피스텔은 매달 생활비를 받지만 역세권이라면 시세차익도 볼 수 있다. 항상 공격적으로 투자하다 보면 어느 순간 돈에 쪼들릴 수도 있다. 그래서 나는 분산투자를 지향하는 편이다.

나는 오피스텔을 여러 개 가지고 있다. 처음에 돈을 많이 들이지 않고 작게는 1,000만 원대, 많으면 3,000만~4,000만 원을 투자했다. 대부분 분양권 상태로 샀다가 임대를 놓았다. 처음에 돈을 얼마 안 들이고 분양받는 것도 하나의 방법이다. 대부분 분양권은 입주 시기까지 2년 정도 시간이 소요된다. 입주 시기가 되면 어떤 사람들은 잔금 때문에 걱정하는 경우도 있다. 그러나 그리 걱정할 일은 아니다. 월세로 놓거나 대출을 받으면 된다. 또는 전세로 놓았다가 만기시점에 돈이 모이는 만큼 월세로 돌려도 된다.

오피스텔을 하나씩 사다 보니 벌써 여러 채가 되었다. 그중 내가 가장 아끼는 오피스텔은 광교호수가 내려다보이는 곳이다. 나중에 혼자 지내고 싶을 때 나만의 사무실로 쓸까 생각 중이다. 내가 가지고 있는 것들은 주로 소형 오피스텔인데, 역세권에 포진되어 있고 젊은 층의 수요가 많은 지역이라 임대가 없어서 못 나갈 정도다. 오피스텔의 좋은 점은 급할 때 자금 회전이 빠르다는 것이다. 해마다 전세보증금이나 임대료가 오르기 때문이다. 그래서 가끔 현금이 필요할 때 오피스텔 보증금을 올려서 융통하기도 한다.

오늘도 오피스텔 부근의 부동산 중개업소에서 수건을 소포로 보내왔다. 나와 잘 아는 중개업소도 아닌데 말이다. '영업을 참 잘하네'라고 생각했다. 그만큼 수요가 넘치는 지역이다.

나는 소액으로 투자를 원할 경우 역세권 오피스텔을 주로 권한다. 월세도 받고 장기적으로 가지고 있으면 가격도 계속 오르기 때문이다. 그렇게 해서 내가 팔아 준 오피스텔이 셀 수 없을 정도로 많다. 매달 월세를 받는 것에서 끝나지 않고 시세차익을 보고 팔아 준 경우도 수없이 많다. 역세권 오피스텔은 가격이 잘 떨어지지 않고, 가지고 있으면 물가상승률에 부합해서 계속 오른다. 이는 어떤 통계치를 보고 말하는 것이 아니라 내가 수십 년 동안 계약시킨 오피스텔을 보면서 직접 경험한 것이다. 만약 돈이 없다면 갭투자부터 시도해 봐도 좋을 듯하다. 임대를 놓고 몇천만 원만 있어도 좋은 물건으로 투자할 수 있는 것이 바로 오피스텔이다.

부자가 되고 싶다면
땅을 사라

사람들은 부동산에 투자할 때 항상 아는 만큼 투자하게 된다. 그래서 나는 지금도 꾸준히 임장을 다닌다. 아파트에 투자할 때는 무조건 아파트에만 집중했고, 분양권, 상가, 오피스텔 투자를 집중적으로 했다. 땅에 관심을 가지게 된 것은 얼마 되지 않았다. 물론 전에도 땅을 몇 군데씩 계약해 줬지만 집중적으로 땅만 전문으로 한 지는 1년이 조금 넘었다. 아파트 단지 내 부동산 사무소를 운영하면서 시간적인 여유가 없었다. 항상 바빴고 다른 데 눈 돌릴 시간이 없었다. 내가 자리를 지키고 있어야만 계약이 성사되었고 고객들은 나만 찾았다. 정말 화장실 갈 시간도 없이 일을 했다.

지금의 생활은 그때와 비교하면 많이 여유로운 편이다. 일이 있을 때는 내 마음대로 시간을 조절할 수 있어 좋다. 덕분에 이렇게 글도 쓸 수 있으니 더없이 행복하다. 그리고 좋은 토지를 찾기 위해 땅을 보러 다니고, 부동산 투자에 관심 있는 분들에게 컨설팅을 해 주고 공동투자를 하기도 한다.

조정희 씨는 내가 오래전부터 관리해 주던 중년 부인이다. 일찍 남편과 사별하고 아들 둘을 훌륭하게 키워낸 그녀는 항상 웃는 얼굴에 여유로운 분위기가 있어 마치 귀부인 같다. 하지만 나중에 이야기를 들어 보니 그렇게 부유한 편은 아니었다. 지금은 큰아들이 매달 주는 용돈으로 생활한다고 했다. 그녀의 걱정은 장애인 둘째 아들이다. 처음 보는 사람은 눈치를 못 챌 정도로 아주 잘생겼다. 그런데 선천적으로 문제가 있어서 지능이 낮다고 했다. 그래서 정희 씨는 항상 투자처를 찾았다. 그래야 나중에 그녀가 죽은 후에도 둘째 아들을 위해서 뭔가를 좀 남겨 줄 수 있을 거라고 말이다.

내가 투자를 해 주는 사람들은 한 번 이상 수익이 난 상태에서 재투자하는 사람들이 많다. 이미 정희 씨도 여러 번의 아파트 분양권과 오피스텔로 재미를 본 상태였다. 한때는 영업사원의 꼬임에 넘어가 아파트 분양권을 잘못 투자해 애를 먹은 적도 있어서 의논할 일만 생기면 내 사무실로 달려왔다. 그래도 그녀는 부동산 투자를 하다 보면 손실이 날 수도 있다고 생각하는 긍정적인 마인드를 가지고 있다.

어느 날 내가 사 준 분양권의 명의를 변경하러 갔다 땅을 설명했더니 관심을 보이며 계약을 했다. 내가 미리 임장한 그 땅은 도로에 접해 있고 가격도 나무랄 데가 없었다.

실투자금 1억 원에 대출 9,000만 원을 받아서 정희 씨가 매수한 토지는 평택 화양지구 주변 인근에 자리하고 있다. 500평을 당시 평당 30만 원에 매수를 했다. 그녀는 처음에는 조금만 올라도 매도한다며 용돈만 벌면 된다고 했다. 그런데 얼마 지나지 않아 몇 십만 원이나 올라서 양도세를 내고도 몇천만 원이 남는다며 마음이 바뀌어 있었다. 그 토지를 계약해 준 지 1년이 넘었는데 현재는 가격이 60만 원 이상까지 나간다. 그녀가 인수한 토지는 도로변에 인접해 있고 차후 가지고 가더라도 더 많은 수익을 창출할 수 있을 것이다.

대부분의 사람들은 현금이 많아야 토지를 살 수 있다고 생각한다. 그러나 절대 그렇지 않다. 몇 천만 원만 있어도 토지에 투자할 수 있다. 물론 적은 돈으로 아주 좋은 물건을 찾는 것은 불가능하다. 그러나 금액에 적합한 맞춤 토지를 찾는다면 투자가치가 있는 것을 주변에서 쉽게 찾아볼 수 있다.

성태식 할아버지는 캐나다 영주권을 가진 노신사다. 내가 그분 아들의 집을 계약해 주면서 인연이 되어 가끔씩 내 사무실에 들르곤 했다. 젊은 시절 국세청장으로 근무한 적도 있고 나름 멋있게 살아오신 분이다. 할아버지는 캐나다 영주권자의 혜택을 받기 위해서 얼마간 캐나다에 머물러야 했기 때문에 일정 기간 나갔다가 다시 한국으로 돌아오곤 했다. 한국에 들어올 때면 항상 오메가3, 비타민 등을 사다 주었다.

그런데 그분이 소유한 창원의 빌딩이 정리되고 수십억 원이 들어오면서 문제가 생겼다. 빌딩이 정리되면 보통은 자식들에게 증여하거나 은행에 넣어 놓고 쓰기 마련인데 그분은 하루도 가만히 있는 법이 없었다. 어느 날은 호텔분양권을 가계약했다며 나에게 자문을 구하고, 또 다른 날은 이상한 아파트를 계약하고 오곤 했다. 연세가 있어 판단력이 흐려지신 건지 알 길이 없었다.

할아버지의 아들 내외는 그런 아버지가 못마땅했을 것이다. 어느 날 그분이 서류 한 뭉치를 들고 힘든 걸음으로 사무실 문을 열었다. 이번에는 제대로 한 방 날렸다고 했다. 포천 구석에 전원주택을 짓는다며 평당 10만 원씩 주고 몇천 평을 산 것이었다. 조금만 있으면 대박이 날 거라고 했지만, 깊은 산속 굽이굽이 연결된 곳에 전원주택을 짓는다고 잘 나갈 자리가 아니었다. 전원주택지를 만들려면 땅을 조성하고 형질을 변경하고 도로도 만들어야 하는데 80세가 넘은 노인이 하기엔 너무 버거운 작업이었다. 결국 얼마 안 가 대출을 알아보다 땅을 잘못 샀음을 깨달았다.

땅은 아파트와 전혀 다르다. 아파트는 KB국민은행 시세검색만 해도 바로 알 수 있지만 땅의 공시지가는 가격의 기준이 될지언정 정확한 가격이 될 수 없다. 그러니 항상 꼼꼼히 체크해야 한다. 정확한 정보 없이 샀다가 주변에서 낭패 보는 경우를 많이 봤다. 요즘은 땅에 관한 관심이 높아져서 문의전화가 많이 온다. 아파트 같은 경우는 하루에도 여러 개를 보여 줄 수 있지만 땅은 그렇지 않다. 하루에 많은 곳을 다닐 수가 없다. 땅은 같은 지역에 몰려 있는 게 아니기 때문이다.

2016년 세종~평택 간 자동차 전용도로가 개통되었다. 정보를 미리 파악한 나는 아산만 부근 IC 길목 대로변의 땅을 하나 구입했다. 대지이고 점포로도 쓸 수 있는 곳을 평당 100만 원에 살 수 있는 땅은 그리 많지 않다. 대지가 150평이니 많은 돈을 들이지 않고 매입할 수 있었다. 비싼 땅은 주변에 널려 있다. 물론 비싸게 산다고 나중에 많이 오르지 않는 것은 아니지만 자금력에 한계가 있는 사람들이 대부분이다. 적은 돈을 굴려 보기 위한 것이다. 가끔 사람들은 오를 데로 다 오른 곳을 원하기도 한다. 물론 그런 땅도 오르기는 하지만 더 이상 오르는 데 한계가 있다. 나는 아직 덜 오른, 이제 개발이 막 시작되는 땅들을 추천하고 싶다. 주변에 소액투자를 할 수 있는 곳에 관심을 갖고 땅에도 관심을 가져 보기 바란다.

소액으로 점포겸용 단독주택의
주인이 될 수 있다

얼마 전 안양에서 치킨집을 하는 고객에게 전화가 왔다.

"안녕하세요. 고덕신도시 내에 상가를 분양받고 싶은데 가능한가요?"

이분은 분양받고자 하는 지역에 대한 정보를 전혀 알지 못했다.

"택지 조성도 안 되어 있어서 차라리 상가분양보다는 점포주택지를 사셔서 건축을 하시죠."

대부분의 사람들은 점포주택지에 건물을 지을 경우 몇십억 원은 있어야 된다고 생각한다.

"건축을 하면 좋겠지만 현금이 4억 원뿐인데 무슨 건물을 올리겠어요?”

“전화상으로는 설명 드리기 곤란하고 한번 방문해 주세요. 돈 없이 건물 올리는 방법을 알려 드리겠습니다.”

고객은 고덕신도시로 아주 이사를 해 음식점을 하고 싶다고 했다. 대부분의 사람들이 점포주택지는 돈이 많아야 된다고 생각한다. 물론 건축물까지 올리려면 많은 돈이 드는 것은 사실이다. 하지만 토지에 대한 융자를 80% 받을 수 있고 건축물을 올릴 때도 후불 방식으로 건축비를 지불하는 방법도 가능하다. 방법을 알고 접근하면 꼬마빌딩 하나가 뚝딱 생기는 것이다.

부동산 투자에 관심이 있는 사람이라면 지금부터라도 점포주택지에 관심을 가질 경우 좋은 성과를 거둘 수 있다. 점포겸용 단독주택지는 1층은 상가점포, 용적률에 따라 2층 또는 3층, 4층까지 올려서 임대를 놓을 수 있다. 그래서 주거와 상가 임대수익을 동시에 충족시킬 수 있는 수익형 부동산이다. 이에 따라 아파트에 투자하던 사람들이 11.3부동산대책 이후 부동산 사무실로 향하는 발길이 잦아졌다.

최근 한국토지공사에서 분양하는 점포겸용 단독주택지의 80%가 전매된다고 한다. 그만큼 거래가 활발하다. 하지만 주택시장 안정에 기여해야 할 공공기관들이 과열된 입찰 경쟁률을 홍보하며 투기를 조장하는 ‘땅장사’에만 혈안이 돼 있다는 지적도 나온다.

2016년 3월 부산 명지지구 단독주택지는 6234:1의 경쟁률을 보였다. 영종하늘도시 점포겸용 단독주택용지는 최고 9204:1, 의정부민락2 점포겸용 단독주택용지는 최고 1352:1, 수자원공사의 송산그린시티 단독주택용지는 최고 1540:1의 경쟁률을 보이는 등 분양시장이 과열되고 있음에도 LH 등 공공기관들이 신청접수 결과를 홍보하는 데 혈안이 되어 있다는 것이다. 투기 열풍이 심각하다는 뉴스도 간혹 나왔다. 하지만 그만큼 점포겸용 단독주택지의 대한 관심이 날로 뜨거워지고 있다는 증거다. 점포주택지는 이제 부동산 투자를 하는 사람이라면 깊게 관심을 가질 수밖에 없는 투자처다.

오래전, 내가 처음 점포겸용 단독주택용지를 접한 것은 경기 용인의 죽전 카페거리 일대에서였다. 당시 나는 오피스텔과 상가, 아파트를 집중적으로 고객에게 권유했다. 점포겸용 단독주택용지를 사기 위한 손님이 와도 그저 땅을 소개하는 데 그쳤다. 어떤 때는 운이 좋아 계약을 하기는 했지만 한두 개 정도였다. 단독주택용지에 대한 관심이 별로 없다 보니 시장의 흐름을 읽지 못했다. 택지 계약을 성사시킨 사람이 건물을 올려 점포나 원룸, 투룸 임대를 놓는 것에 만족했다. 땅을 사러 왔던 사람들은 대부분 건축업자였다. 그들이 혈안이 돼서 택지를 사기 위해 그렇게 부동산에 방문을 했을 때도 점포주택지를 알지 못했다. 그들이 건물을 올려 재미를 보고 땅을 사서 건물을 다시 올려도 그런 것은 건축업자만 할 수 있다고 생각했던 것이다.

당시 점포주택지는 불법 건축물이 판칠 때였다. 투룸을 원룸으로 쪼개서 임대수익률을 올려 팔기 위한 것이었다. 그렇게 불법 건축을 하게 되면 이행강제금(위법건축물에 대하여 2회의 시정명령이 내려진 후 부과되는 금액)을 물어야 하는 상황이었고 그런 걸 고객에게 권유하고 싶지 않았다. 그러다 보니 고객들에게 잘 권하지 않았고, 그렇게 점포주택지는 나에게서 멀어졌다.

그 이후 수원 광교택지지구 내에 점포주택지를 접하게 되었다. 당시 아파트만 해도 거래가 왕성했던 터라 점포주택지는 소홀했다. 그리고 수익형 부동산을 아파트로 유도해서 계약을 시킨 경우도 많았다. 이렇게 부동산을 많이 경험하면서도 점포주택지에 대한 관심이 부족했다. 고객이 먼저 위치나 정보를 습득하고 찾아 달라고 할 경우에나 겨우 찾아 주곤 했다. 광교에 아파트가 들어오면서 나는 수시로 그곳을 찾았다. 하루가 다르게 아파트가 들어서면서 마치 도화지에 색깔을 칠해가듯 하나씩 건물이 들어오는 그 모습이 좋았다. 미친 듯이 계약을 위해 발품을 팔았다. 당시 광교 아파트의 권리금은 하늘 높은 줄 모르고 계속 오를 때였다.

고객과 나는 점포주택지를 사기 위해 구역별로 안 가 본 곳이 없었다. 그때는 도로도 잘 정리가 안 되어 있을 때라 한 번씩 다녀오면 내 차는 온통 먼지투성이가 되었다. 지금의 고덕신도시가

택지 조성이 안 된 그런 분위기였다. 그렇게 고객은 건물을 올려서 이미 팔고 수억 원의 차익을 남겼다고 했다. 그 후 또 하나의 토지를 사서 나에게 임대를 부탁했다.

시간이 지나면서 부동산 계약만 많이 하는 게 다가 아니라는 것을 깨닫게 되었다. 그렇게 점포주택지는 나에게 1순위 투자처가 되었다. 그전에는 아파트, 상가, 오피스텔, 분양권 등에만 관심을 가졌지만, 분양권을 하나씩 정리하면서 지금은 원주기업도시, 안성 아양, 고덕신도시 택지를 구입해 놓았다. 앞으로는 안성, 평택에 점포주택을 가질 예정이며 원주기업도시에는 세대수 제한이 없는 원룸을 지어서 월세를 받을 계획이다. 생각만 해도 가슴이 벅차다.

내 주변에는 점포주택지가 뭔지 아직도 잘 모르는 사람이 많다. 그리고 돈이 많이 있어야만 가능하다고 생각해서 처음부터 포기하는 경우도 많이 본다. 상담을 하다 보면 정확한 정보를 듣고 와서 계약을 하는 경우도 있지만, 전혀 모르는 상태에서 꼬치꼬치 물어보는 경우도 있다. 그런 경우 나는 "점포주택지를 아세요?"라고 물어본 뒤 대답에 따라 설명을 해 준다. 그 옛날 점포주택지에 관해 잘 몰랐던 나를 돌아보며 말이다.

얼마 전 전주에 사는 한 가족이 블로그를 보고 내 사무실을 방문했다. 그들은 점포주택지에 대해 굉장히 관심이 많았다. 그러나 여유자금이 많지 않아 3명이 공동투자로 집을 지어서 월세를 받을 계획이라고 했다. 오래전부터 점포주택지에 관심을 가졌고, 직장생활을 하면서 수억 원에 달하는 토지를 사기가 부담스러워 의논 끝에 공동투자를 하기로 결정했다고 했다. 그들은 장차 점포주택지를 지을 생각에 매우 행복해했다.

이처럼 본인들이 투자를 원하면 멀리서도 한달음에 달려와 계약을 하는 경우가 종종 있다. 그만큼 점포주택지에 대한 관심이 높아진 것을 실감한다. 점포겸용 단독주택은 수익형 부동산으로 삶을 살아가는 데 톡톡히 효자 노릇을 할 것이다. 향후 개통되는 도로나 주변 인프라를 보면서 관심을 가져 보는 것도 좋다. 점포겸용 단독주택은 미래 가치를 높이고 수익은 물론 주거까지 해결된다는 장점이 있다. 소액투자로도 가능한 점포겸용 단독주택에 눈을 돌려 보자.

경매는 돈 좀 있는 사람들만의
재테크가 아니다

"소윤아, 내일 시간 되니? 시간 있으면 항상 가는 아르바이트 가야 된다!"

내일은 수원지방법원에 낙찰을 보러 가는 날이다.

"어디 법원인데? 돈은 찾아 놨어?"

나는 가끔 둘째 딸에게 경매낙찰을 보러 가게 한다. 소액이기도 하지만, 사회 경험이 전무한 아이에게 부동산 시장이 어떤지 알려 주고 싶은 마음도 있었다. 아이도 바쁜 엄마를 도와주고 용돈도 생기는 일석이조의 재미로 경매낙찰 가는 것을 싫어하지 않는다.

딸아이가 처음 경매를 하러 법원에 갔을 때는 내가 일을 못할 정도로 수시로 전화해서 물어보곤 했다. 어떤 때는 그냥 내가 갈까 하는 생각이 들 정도였다. 낙찰을 보러 갈 때는 수표를 가지고 가야 했는데, 딸아이는 흥분된 목소리로 이렇게 큰돈을 어떻게 가지고 가냐며 난리였다.

아이는 그렇게 경매낙찰 방법을 엄마에게 직접 배우면서 하나씩 익혔다. 물론 권리분석이니 선순위채권이니 이런 것은 아직 전혀 모른다. 내가 권리분석을 다 해서 경매 사건번호와 수표, 인감 도장과 인감 한 통, 위임장만 주면 들고 갈 뿐이다. 그래도 운 좋게 한 번씩 낙찰을 봐 오는 모습이 흐뭇하다.

경매낙찰자 발표가 날 때까지는 몇 시간씩 좁은 법원 안에서 기다려야 한다. 그런데도 딸아이는 그저 신기하고 재미있어했다. 또 다른 세상에 와 있는 느낌이 든다고 하니 그 엄마에 그 딸인 것 같다.

경매가 쉽다는 것은 결코 아니다. 권리분석 한번 잘못해서 한 방에 훅 간 사람들을 주변에서 많이 봤기 때문이다. 소액투자로 돈을 버는 경우는 극히 제한적이다. 나는 경매를 통해 오피스텔이나 소형 아파트에 투자하라고 권하고 싶다. 물론 경매를 진행할 때 중요한 것들을 확인해야 한다. 어떤 종류의 물건인지 분석하고, 대지권 미등기, 전 소유자 가압류, 선순위 임차인, 후순위 임차인, 선순위 가등기, 선순위 가처분 등 경매 지식을 짚어 보고,

물건 현황, 위치, 임차인 현황, 등기부 현황 등을 정리하면 부동산 경매 수익 달성에 더욱 가까워질 수 있다. 잘 몰라도 크게 걱정할 필요는 없다. 전문가들이 주변에 포진되어 있기 때문이다. 마음에 드는 물건이 있으면 낙찰을 의뢰하고 그에 따른 소정의 수수료를 지불하면 된다.

내가 경매로 오피스텔을 권했던 송경희 씨는 형편이 그리 좋지 않았다. 매달 나가는 월세를 굉장히 부담스러워했다. 처음 그녀를 만난 것은 성남 오리역 부근에 오피스텔을 월세로 임대해 주면서였다. 부모님은 시골에서 농사를 짓고 계셨고 형편은 그리 넉넉하지 않았다. 그래서 집에서 전세보증금을 대 줄 형편이 되지 않는다고 했다. 경희 씨는 취업 후 보증금 500만 원에 월세 50만 원으로 방을 얻어서 첫 직장을 다니기 시작했다. 바쁜 와중에도 그녀는 꾸준히 재테크에 관심을 가지고 있었다.

"어떻게 하면 월세를 안 내고 빨리 오피스텔을 살 수 있을까요?"

그리고 그것도 안 되면 월세라도 줄이고 싶다고 방법을 알려 달라고 했다. 당장 월세가 나가는 사람에게 어떤 특별한 대안은 없었다. 종잣돈을 만드는 게 우선이었다. 나는 당장 목돈이 없으니 2년 동안 열심히 돈을 모아서 연락하라고 한 뒤 그녀를 까맣게 잊어버렸다.

그러던 어느 날 경희 씨에게서 전화가 왔다.

"사장님, 제가 2,000만 원 정도 현금을 모았는데 오피스텔을 살 수 있을까요? 이자가 나가더라도 매달 받는 월급으로 갚아 나가면 그게 훨씬 나을 것 같아서요."

그녀는 정말 똑 부러지는 아가씨였다. 나는 마침 분석해 놓은 오피스텔을 권유했다. 그리고 같이 성남지원에 가서 7,800만 원에 낙찰을 봐 주었다. 본인의 실투자금 2,000만 원과 대출융자 6,000만 원, 월 이자 20만 원 정도 나갔다. 마침 그곳에는 배당받을 전 세입자가 있어서 명도소송도 하지 않았다. 오피스텔 같은 경우는 대부분 젊은 사람들이 살아서 경매낙찰 후 무리하게 이사비용을 요구하지도 않았다. 경희 씨는 운 좋게 몇 달 후 입주할 수 있었다. 그런데 그녀가 또 한 번 나를 놀라게 했다. 보통은 법무사에 경매 촉탁등기를 맡기는데 본인이 셀프등기를 해 보겠다고 한 것이다. 등기를 해 본 적이 있냐고 묻자 한 번도 해 보지 않았다고 했다. 그렇게 본인이 촉탁등기를 하는 데 필요한 제반 서류를 준비해 등기도 직접 했다. 지금 생각해도 참 야무진 아가씨였다.

이처럼 경매낙찰이라고 어려운 것만도 아니다. 그곳도 사람이 진행을 하는지라 가끔 가 보면 정감이 가는 판사들도 있다. 원래 개찰은 사건번호 순으로 진행한다. 그리고 아이가 보채면 어린아이를 데리고 온 응찰자나 사람이 많이 몰린 응찰자 순서대로 발표하기도 한다. 그래서 의외로 빨리 일을 보고 나오는 경우도 많다.

경매낙찰은 되는 경우보다 떨어지는 경우가 더 많다. 나는 소액 경매를 꾸준히 하고 있다. 별로 부담이 되지 않는 선에서 투자할 수 있는 또 하나의 틈새시장이다. 경매낙찰을 보고 자금이 부족해도 걱정하지 않아도 된다. 대출이 80%까지 되므로 돈을 얼마 투자하지 않아도 소형 아파트나 오피스텔 한 채가 생기는 것이다.

한번은 수원지원에 정말 좋은 물건이 나왔다고 해 낙찰을 보러 갔다. 명품브랜드 아파트에 연예인들도 많이 사는 동네였다. 권리분석을 해 보니 주인이 거주하고 있어서 명도에도 문제가 없었다. 대출한 채권액도 많은 상황이라 주인이 갚을 능력도 안 되는 물건이었다. 현재 전세가는 5억 5,000만 원이었고 시세는 6억 8,000만 원 정도 되었다. 경매가 유찰되면서 나온 가격은 5억 2,000만 원으로 나의 낙찰 예상가는 6억 원이었다. 고민하다가 5억 9,999만 5,000원에 응찰을 했다. 그러나 낙찰가는 6억 원이었다. 5,000원 때문에 떨어지고 말았다. 몇천만 원에 아파트가 생길 뻔했다가 한순간에 날아가는 순간이었다. 이런 경우가 비일비재하다. 다음 사항을 주의하고 간다면 많은 도움이 될 것이다.

✅ 경매 시 주의할 점

1. 역세권, 젊은 층이 선호하는 위치, 교통편

2. 현지답사, 현재시세 확인(낙찰가는 시세보다 낮아야 함)

3. **권리분석**(말소기준권리, 임차인이 선순위인지 후순위인지 확인)

4. **등기부등본 확인**

5. **관리비 미납 확인**

6. **선순위 임차인 찾기**

7. **소형 평수 위주로 찾기**

위의 7가지 사항을 잘 확인했다면 지금이라도 당장 법원에 가서 낙찰에 응해 보라. 경매에 대한 눈을 뜨게 될 것이다. 가장 중요한 것은 입찰금액을 쓸 때 몇 번씩 확인하는 것이다. 어떤 사람은 응찰가에 0을 하나 더 쓰는 바람에 수억 원을 날린 경우도 있었다. 그래서 조금 미흡하다 싶으면 전문가의 조언을 따르길 권한다. 수천만 원이 생기는데 몇백만 원의 수수료가 나가는 것에 인색하면 안 된다. 나도 바쁠 때는 남의 손을 빌려 낙찰을 보는 경우도 있다. 가끔 법원에 가면 입찰봉투를 여러 개씩 넣어서 한두 개 건지는 것도 봤다.

요즘은 소액으로 경매투자를 해서 임대를 받는 게 대세라고 한다. 조금만 관심을 가지면 손쉽게 따라 할 수 있다. 오피스텔 투자는 인터넷을 통해서도 얼마든지 숙지가 가능하기 때문에 초보자라도 쉽게 할 수 있다. 겁내지 말고 차근차근 알아본다면 좋은 수확이 있을 것이다. 인터넷을 뒤져서 안 되면 경매전문가들에게 도움을 요청하라. 단 한 가지 주의할 것이 있다. 경매만 전문으로

하는 사람들은 가격을 높이 책정해 100% 낙찰을 자랑한다. 낙찰
률이 높다는 것은 그만큼 돈을 많이 썼다는 것이다. 그러니 잘 확
인한 후 시도하기 바란다.

못난이 땅도
예쁘게 단장하면 팔린다

사람들은 건물 리모델링에 대해서는 많이 들어봤어도 땅을 리모델링한다고 하면 쉽게 이해하지 못한다. 하지만 땅도 리모델링을 함으로써 엄청난 부가가치를 올리게 되는 경우가 많다. 땅을 사서 오를 때까지 기다리는 것은 옛날 방식이다. 이제는 앞으로 어떻게 부가가치를 올릴지 생각하고 방향을 잡아야 부동산에 대한 값어치를 훨씬 높일 수 있다. 물론 주변 환경, 도로망, 인프라 형성에 영향을 받기도 하지만, 본인이 어떻게 만들어 가느냐에 따라 부동산 가격은 달라진다.

보통 육안으로 땅을 볼 때 같은 모양, 같은 위치에 있다 하더라도 가격 차이가 많이 나는 경우를 보았을 것이다. 사람은 이름에 따라 가치가 달라지지 않지만 토지는 이름에 따라서 존재 가치가 엄청나게 달라진다. 즉 똑같은 위치에 있어도 한쪽은 대지이고, 다른 한쪽은 전이라 하자. 전인 경우 대지로 사용할 수 있다 하더라도 용도 변경부터 해야 건축을 할 수 있다.

얼마 전 이상혁 씨 남매가 내 사무실을 찾았다. 그들은 땅을 보기 위해 멀리 광주광역시에서 무작정 찾아왔다고 했다. 나중에 안 사실지만 상혁 씨는 광주에서 100억 원이 넘는 빌딩을 소유한 재력가였다. 그는 수십억 원의 땅을 찾는다며 평당 몇 천만 원이 들어도 괜찮으니 좋은 땅으로만 안내를 해 달라고 부탁했다.

땅을 보러 오는 사람은 정확한 목적이 없는 경우 대부분 땅에 대해서 공부하러 오기도 한다. 상혁 씨는 미리 약속을 하고 오지 않았기 때문에 처음에는 땅을 살 사람인지 판단이 잘 서지 않았다. 마침 평택 현화지구에 좋은 땅이 있어 여러 각도로 브리핑을 하기 위해 모델하우스 방문을 약속해 놨던 터였다. 나는 땅을 보면서 그 주변 모델하우스도 꼭 들린다. 새로운 정보를 들을 수 있기 때문이다. 아파트를 분양하는 곳은 세밀한 구석구석까지 개발 계획을 잘 알고 있는 경우가 많다.

상혁 씨에게 현화지구 땅에 대해 설명하자 처음에는 시큰둥해 했다. 그 땅은 내가 투자를 해 볼까 하는 생각에 이미 모든 서류

준비를 완료한 상태였기 때문에 나는 자신 있게 설명해 드렸다. 주변 상황을 더 알아보기 위해 가는 거니까 부담 갖지 말고 가자고 다시 설득해서 함께 갔다. 그리고 아파트 모델하우스에 들어가서 개발 상황만 콕 집어 영업사원에게 브리핑을 시켰다. 이미 개발계획을 다 듣고 땅을 보러 가자 상혁 씨의 구미가 당겼던 모양이다. 다만 그 땅의 도로 쪽 전면이 조금 좁은 게 단점이었다. 그래서 땅을 산 후 전면이 넓은 옆의 토지도 매수하자고 제안했다.

그렇게 해서 20억 원에 달하는 토지를 2시간 만에 계약을 마쳤고, 바로 옆 땅도 10일 만에 구입해 주었다. 토지만 보유하고 있다면 2% 부족한 땅이었다. 6차선 도로에 접해 있는 물건이지만 전면이 좁은 관계로 평당 300만 원에 매입했다. 여기에 바로 옆에 전면이 넓은 땅을 400만 원에 사면서 완벽한 토지기 만들었어졌다. 그렇게 두 필지의 주인이 하나로 되면서 땅값은 500만 원 이상이 되었다. 현재 그곳은 대단지 아파트가 들어오고 길 건너 아파트 단지 삼거리 바로 앞인 데다 안중터미널을 가로지르는 4차선 도로가 나는 곳에 접해 있어서 계속 땅값이 오를 자리다.

상혁 씨는 완벽한 땅을 샀다며 무척 좋아했다. 땅을 보러왔을 당시 정확한 답을 주는 곳이 없어서 여러 군데의 부동산 중개업소를 들렀다 왔다고 했다. 그렇게 해서 20억 원의 땅을 멀리 광주에서 와서 바로 계약을 하고 10일 후 10억 원이 넘는 땅을 추가로 계약했다. 물론 미리 임장을 했고 공부도 해 놨기 때문에 가능한 일이었다.

상혁 씨는 앞으로 개발되는 평택에 대한 관심도 매우 높아서 나는 좋은 땅을 계속 연결해 주기로 했다. 그리고 더 나아가서는 지금 산 땅에 빌딩을 지어서 나에게 분양을 맡긴다는 말도 덧붙였다. 빌딩을 직접 지었던 경험으로 이곳에서도 빨리 꿈을 이루길 바란다.

땅은 어떻게 만들어 놓느냐에 따라 가격이 엄청나게 달라진다. 대지로 지목을 변경하면 가치는 더 높아진다. 지목변경이란 지적공부에 등록된 농지 또는 임야 등의 지목을 다른 지목으로 바꿔 등록하는 것을 말한다. 이렇게 임야나 답을 대지로 바꾸기만 해도 가격이 몇 배나 올라가게 된다.

어느 날, 아파트 임대를 넣어 준 한 고객이 서류 뭉치를 들고 나를 찾아왔다. 용인 처인구에서 전원주택 부지를 분양한다는데 내가 해 줄 수 있겠냐는 것이었다. 나는 정확한 위치 파악도 안 되었던 상태라 서류를 두고 가면 체크해서 연락을 주기로 했다.

일요일 이른 아침에 그곳을 찾은 나는 정말 놀라지 않을 수 없었다. 전원주택 단지가 형성되어 있는 곳은 몇 구비를 올라왔던 그 아래에 있었다. 주변에 인프라 형성도 전혀 되어 있지 않았다. 현장은 이제 삽으로 몇 번 뜨고 만 상황이었다. 단지가 형성되기까지는 몇 년이 가도 힘든 곳이었다. 이렇게 임장을 가서 보면 값어치가 없는 땅도 많다. 그래서 현장답사가 매우 중요하다.

답사 후 나는 그 고객에게 전원주택 부지 분양은 못 하겠다고 정중히 거절했다. 임야를 파헤쳐서 형질을 변경해 대지로 전환되었다 하더라도 시간이 많이 들어갈 땅을 계약하는 사람들을 많이 봤다. 본인이 정확히 모르면 언제나 가장 인근에 있는 부동산 중개업소 몇 군데만 가도 정보를 들을 수 있을 것이다.

김은미 씨는 부동산계의 큰손으로 항상 땅을 사면 어떻게 할지를 구상하는 사람이었다. 그녀가 많은 재미를 보게 된 것은 용인 남사 부근 논을 사서 지목변경을 하면서부터다. 땅은 보는 눈이 있어야 한다. 사람이 살 수 없는 곳에 땅을 사서 형질변경을 한들 가격이 오르는 데는 한계가 있다.

은미 씨는 논을 사서 쪼갠 뒤 다시 되파는 데 선수였다. 주말에 그녀와 만나서 그곳에 가 보니 야트막한 언덕에 전원주택 자리로 안성맞춤이었다. 주변 인프라는 아직 형성되지 않았지만 조용하고 외진 곳이 아니라 나쁘지 않았다. 은미 씨는 그 이후로도 땅을 사서 계속 재미를 보고 있다.

주변에 예쁘게 땅을 단장해서 파는 경우를 많이 본다. 그들은 땅의 값어치를 높여 파는 데 전문가다. 간혹 땅을 사러 다니다 보면 못난이 땅을 예쁘게 만들어서 팔기도 하고, 가운데 긴 땅을 사서 완벽하게 단장하기도 한다. 그 후 가격을 많이 올려놓는다.

한번은 송산 그린시티에 다녀왔다. 지금은 열기가 뜨거운 평택 땅에만 집중하기도 바쁘지만, 추후 기회가 된다면 바다가 보이는 송산 쪽에도 땅을 구입할 생각이다. 부동산 일을 하는 사람은 같은 업계에서는 큰손님이라고 생각한다. 계약할 때도 훨씬 수월하다. 그래서인지 송산 그린시티 부동산 사무소에서는 좋은 물건이 나오면 언제나 내게 먼저 연락이 온다.

부동산 투자의 꽃 중 하나는 땅이다. 다른 부동산은 그 자체로 보유하고 있다 수익을 보고 넘기지만 땅은 다르다. 못난이 땅을 예쁘게 단장해서 팔면 시세차익뿐만 아니라 상상하는 이상의 수익을 올릴 수도 있다.

분양권을 알면
돈이 보인다

내가 아는 치과원장 부부는 부동산에 별로 관심이 없었다. 진료가 끝나면 부동산에 관심을 가질 수 있는 시간적 여유도 없는 상황이었다. 내가 부부에게 계약해 주었던 집도 어느덧 10여 년이 다 됐고, 리모델링해서 들어간 아파트도 10년이 넘다 보니 부부는 새집으로 이사하고 싶어 했다. 그러나 나는 현재의 아파트에도 대출이 있는 상황이고 무리하는 것보다는 안전하게 가는 게 낫다고 조언해 주었다. 부부는 서울에도 아파트가 하나 있어서 그곳을 정리하는 시기를 벌고 매매보다는 분양권을 추천해 주었다.

　그전에 몇 번의 오피스텔 투자로 시세차익을 냈던 상황이라 나를 신뢰하고 있었기 때문에 부부는 궁금하거나 의논할 일이 있으면 자주 부동산에 들렀다. 나는 그들에게 분양권 청약 신청을 권했다. 광교호수가 보이면서 전망도 좋은 중흥S-클래스 57평이었다. 당시 경쟁률이 몇백 대 일이었던 터라 부부는 "우리가 되겠어?"라며 부정적이었다. 그래도 꼭 하시라고 권유를 했고 정말 치열한 경쟁률을 뚫고 당첨이 되었다. 아파트 가격은 10억 원으로 계약금을 1억 원만 넣고 중도금대출은 무이자 조건이니 그야말로 대박이었다. 광교 호수가 내려다보이는 전망의 로열 층에 당첨된 것이다. 부동산에 한 번 왔을 뿐인데 그것 하나로 권리금만 몇 억 원이 되었다.

　이처럼 관심이 없는 분들에게 청약 전날이면 문자를 보내고 연락을 드려서 신청하라고 귀띔을 해 준 뒤 당첨된 사람들이 헤아릴 수 없을 정도로 많다. 분양권 투자 시 분양시장 특성과 부동산규제 전매제한 정책만 제대로 알고 시작한다면 지금도 충분히 가능하다. 주택시장이 위축되었다 하더라도 과열된 열기가 조금 빠졌을 뿐 침체된 건 아니라고 생각한다. 규제했기 때문에 당연히 위축되는 것이고 지극히 자연스러운 현상이다. 분양시장은 상승세도 하락세도 아닌 보합세다. 규제가 있는데도 보합세라는 것은 아직도 분양권 시장이 죽지 않았다는 것이다. 하지만 미분양이 많은 동네나 인프라 구축이 안 되어 있는 곳은 조심해야 한다.

나는 분양권에 관심이 많다. 청약 열기가 뜨겁다는 것은 그만큼 관심도가 높은 곳이다. 내가 분양권에 관심을 가진 것은 10여 년 전이다. 분양권은 아파트만 있는 것이 아니라 오피스텔, 상가, 점포주택지, 아파트 등 다양하다. 그래서 나는 언제나 경제신문을 달고 산다. 그리고 수시로 인터넷으로 아파트투유 사이트에 들어가서 분양 정보를 확인하고, 틈만 나면 모델하우스 투어를 한다. 모델하우스 현장을 가 봐야 확신이 서기 때문이다. 확신이 있어야 고객에게 자신 있게 권할 수 있다.

그렇게 당첨이 되거나 권리금을 주고 산 물건들은 다시 나에게 또 다른 고객을 연결하는 끈이 되었다. 나는 정보를 얻기 위해 이곳저곳 발품을 팔면서도 힘들다는 생각을 해 본 적이 없다. 아파트 내부가 이번에는 어떻게 지어졌는지, 어떤 전망이 나오는지 항상 구석구석 파악해 놓는다. 그리고 이를 고객들에게 전달해 주었다. 모델하우스를 가 보지 않고 손님에게 권하는 것은 나 스스로 용납이 되지 않았다. 시간이 없으면 휴일에 가거나 사람이 많아서 못 볼 것 같으면 마감시간을 이용해서라도 기를 쓰면서 보았다.

나는 점포주택지나 단독택지 분양 정보에도 관심을 가지라고 말하고 싶다. 대한주택공사, 수자원공사, 원주기업도시 등의 사이트에 들어가면 수시로 정보가 올라온다. 이것이 돈을 버는 방법이다. 수시로 들어가서 체크하다 보면 알짜를 찾을 수 있다. 그렇게 해서 어떤 사람은 수억 원까지 시세차익을 보는 경우도 있었다. 나도 지금까지 꾸준히 관심을 가지고 청약을 통해서, 어떤 때는 권리금을 주고 사서 시세차익을 봤다.

당첨이 많이 되지는 않았지만 그래도 딸 명의로 두 번, 내 명의로 한 번 당첨되었으니 나쁜 성적은 아니었다. 다른 사람은 한 번도 안 되었다고 하는데 이 정도면 좋은 성적이다. 이렇게 분양권이 당첨되기도 하고 권리금을 주고 사서 되팔면서 시세차익을 남기고 팔았다. 좀 더 많은 시간을 두고 팔았더라면 더 많은 차익을 낼 수 있었을 텐데 미리 팔아 버려서 차익을 조금 덜 낸 게 못내 아쉽긴 했다.

그래도 많은 투자금액이 들어가지 않으면서 계속 돈을 굴릴 수 있어서 좋았다. 사람들은 수천만 원이 있을 경우 부동산 투자는 엄두도 내지 못하는 경우가 많다. 적은 돈을 가지고 무엇을 하냐며 그냥 은행에 예금을 하거나 펀드에 넣어 놓는다. 또는 어떻게 투자하는지 방법을 몰라서 못하는 경우도 많이 봤다.

얼마나 정보력을 가지고 있느냐에 따라 수익을 볼 수 있다. 많게는 억 단위부터 작게는 몇천만 원까지 왔다 갔다 한다. 나는 앞으로도 분양시장이 열려 있다고 생각한다. 물론 분양시장은 국지적이라 잘 파악하고 선택하는 게 매우 중요하다.

2016년 분양시장 과열로 인해 11.3부동산대책에서 강남4구,

과천이 전매제한에 포함되어 소유권 이전까지는 전매를 할 수 없게 되었다. 하지만 과열된 주택시장의 열기가 조금씩 빠지고 있을 뿐 침체는 아니라고 생각한다. 규제를 했기에 당연히 위축되는 자연스러운 현상으로 주변에 아직도 해 볼 만한 것들은 있다.

'국토교통부 분양권 실거래 내역'을 보면 2016년 1~9월까지 경기도 분양권 거래량은 4만 7,743건으로 전년 동기(1만 2,627건)에 비해 3.78배 이상 늘었다고 한다. 이들 지역은 최근 신규택지 조성이 활발한 데다, 교통 호재를 바탕으로 접근성이 크게 개선된다는 점이 부각됨에 따라 서울 전세 수요자들에게 내 집 마련 터전으로 높은 인기를 끌고 있다. 이렇듯 조금만 관심을 가지고 눈여겨보면 어느 곳에 분양권을 사야 할지 흐름을 파악할 수 있다.

나는 가진 돈이 적을수록 부동산에 관심을 가져야 한다고 생각한다. 그렇게 하다 보면 부동산 투자에 전혀 관심이 없던 사람도 생각하는 힘이 길러지고 또 다른 돌파구를 만들 수 있다. 적은 돈을 유용하게 움직여서 돈을 번 사례는 내 주변에도 참 많다. 올해도 알짜 분양권시장이 열리는 곳이 많이 있다. 그중 주변 시세보다 싸게 나오는 지역주택조합 아파트를 눈여겨보면 알짜 아파트들이 있다. 택지지구 내의 분양 아파트를 관심을 가지고 지속적으로 청약해 보는 것도 좋은 방법이다.

요즘 같은 저금리 시대에는 은행에 돈을 넣기보다 분양권에 관심을 갖는 것이 앞으로 더 좋은 결과를 가져올 것이다. 돈을 벌고자 한다면 너무 멀리서 찾기보다 가까이서 쉬운 것부터 찾는 것이 좋은 방법이다. 혹여라도 청약통장이 없다면 지금 당장 은행으로 뛰어가라. 1년만 지나면 1순위가 되는 청약통장을 들고 찾아보면 투자할 만한 분양시장은 언제든 열려 있다.

PART 5

부동산 투자로
또 다른 월급 통장을
만들어라

나는 부동산과
맞벌이한다

나는 살아오면서 여러 번 어려운 일을 겪었다. 믿었던 사람에게 사기를 당하는가 하면 돈이 좀 모인다 싶을 때마다 사업을 한다고 일을 저지르는 남편 때문에 경제적으로 고통받은 적이 한두 번이 아니었다. 그래도 나는 남편에게 '왜 나를 힘들게 하느냐?'라고 한 번도 탓한 적이 없다. 미울 때도 있었고 원망도 했지만 그때마다 그 상황을 담담히 받아들이면서 헤쳐 나갔다. 내가 그럴 수 있었던 것은 당장 돈이 없더라도 또 벌 수 있다는 자신감이 있었기 때문이다. 어디서 그런 힘이 나왔는지는 모르겠지만 나는 절대 좌절하지 않았다. 그 결과 내가 생각한 대로 모든 것이 이루어졌고 지금도 이뤄 나가고 있다. 그것은 언제나 부동산과 함께하면서 투자의 안목을 키워 나간 덕분에 가능했다. 나는 불안한 미래를 위해 부동산 투자로 평생 월급 통장을 만들어야 한다고 생각한다.

잘나가는 해운업 이사였던 박영택 씨는 잦은 출장 때문에 부동산을 살펴볼 시간이 없었다. 그는 불안한 미래를 대비하고자 수익형 부동산 투자를 생각하고 있었지만 시간도 없을뿐더러 정확한 판단이 들지 않아서 지금까지 미루고 있었다고 했다. 당시 영택 씨는 약 20억 원을 펀드에 넣어 두고 있었다. 바쁜 스케줄 사이에 짬을 내어 나를 방문한 그는 될 수 있으면 부동산을 한꺼번에 많이 보여 달라고 요청했다. 이렇게 고객의 요구사항에 맞춰서 하다 보면 계약 확률이 80% 정도 되기 때문에 나는 여기저기 전화해서 물건을 찾고 미리 현장조사를 마친 뒤 브리핑을 했다.

임장을 가서 나는 영택 씨가 여러 물건을 보고 혼란스러울까 봐 물건분석표를 수익률과 함께 작성해서 번호 순서대로 보여 주었다. 분당, 광교, 용인, 수원 등 이곳저곳을 다녔다. 그는 당장 눈앞에 보이는 것을 원했다. 수익률이 많이 나오고 미래가치가 있는 곳을 보여 줘도 주차장이 좁다고 싫어하는 경우도 있었다. 결국 그날은 결정을 못하고 헤어졌다.

한 달 후 상권이 형성되어 있고 유동인구도 많으며 주차장도 만족할 수 있는 곳을 찾았다. 그곳은 마침 주인이 다른 건물을 사기 위해 급하게 내놓은 상가였다. 매매가는 17억 원으로 은행 ATM과 제과점이 있었으며, 보증금 2억 원, 월세가 750만 원이었고 둘 다 기간은 5년 정도 남아 있었다. 수익률은 6% 정도 되었고, 복잡한 동네지만 평생 보유하고 있어도 될 만한 자리였다. 상가는 만기가 짧으면 인수받고 임차인이 바로 나가면서 공실로 이어질 수도 있기 때문에 주의해야 한다. 마침내 영택 씨는 평생 받을 수 있는 월급 통장을 손에 쥐었다.

처음부터 금수저를 입에 물고 태어난 사람이 과연 얼마나 될까? 많은 사람들이 주체하지 못할 정도로 돈이 많아서 부동산에 투자하는 것은 아니다. 가정주부, 은퇴자, 직장인 등 어쩌면 돈이 많지 않은 평범한 사람들이 부자가 되기 위해 절실하게 평생 월급 통장을 마련하려는 경우가 대부분이다. 불로소득이라는 편견을 버리고 경제적으로 자유로울 수 있는 미래를 그렸으면 하는 바람이다.

그동안 부동산 투자를 하면서도 방향을 정하지 못하고 어떻게 투자해야 할지 갈등하고 있다면 수익형 부동산에 관심을 가져라. 많은 사람들은 미래에 대해 막연히 걱정하지만 방법을 몰라 갭투자, 경매, 아파트와 빌라 투자 등에 집중하는 경향이 있다. 물론 그렇게 투자하는 게 나쁘다는 것은 아니다. 그러나 우선적으로 평생 월급 통장을 만들면서 수익형 부동산에도 분산투자하는 것이 불안하지 않게 미래지향적으로 투자하는 방법이다.

어느 날 잠실에 사는 기현호 씨 부부에게서 전화가 왔다. 그들은 빌딩과 모텔만 보러 다니는 편이었는데, 이미 빌딩을 한 채 사서 임대수익을 올리고 있었다. 고정적으로 수입이 나왔기 때문에 부부는 수익형 부동산의 중요성을 잘 알고 있었다. 매매로 계약을 하고 월세를 받다 보니 다른 것은 눈에 들어오지 않는다고 했다. 그들은 좋은 물건이 있으면 몇 달이라도 출근할 수 있다고 하면서 굉장히 적극적이었다. 그리고 수익률이 좋은 빌딩을 찾기 위해서 거의 매일 돌아다닌다고 했다. 이럴 때 내가 그동안 임장을 보고 온 상황을 현장감 있게 설명해 주면 고객의 30% 정도는 호감을 갖는다. 그렇게 현호 씨 부부와 인연이 되어 수십 곳의 현장을 갔다 왔다.

나는 시간을 아끼기 위해서 현장에서 직접 브리핑을 했다. 어떤 때는 주말 아침 일찍 만나기도 하고 어떤 때는 퇴근 무렵에 만났다. 에버랜드 근처에 위치한 모텔부터 용인 처인구의 상가와 학원, 분당 주변 등 정말 많이 보러 다녔다. 그렇게 빌딩을 계약하기 위해 몇 개월을 투자했다. 이 시간이면 아파트 매매를 몇 건 더 할 수 있는데, 라는 생각도 간혹 들었지만, 내가 임장을 해 놓으면 계약이 될 때까지 두고두고 써먹을 수 있어서 빌딩 보는 일을 멈

추진 않았다. 현호 씨 부부는 내가 문자로 주소를 알려 주면 미리 현장 주변을 돌아보고 기다리고 있었다.

그렇게 현장답사를 수십 차례 하던 중 부부의 마음을 사로잡는 물건을 발견했다. 부부가 결정한 빌딩은 40억 원이었는데, 1층에는 대형마트, 2층에는 갈빗집, 3~5층은 학원이나 사무실 용도였다. 사람들은 빌딩은 무조건 대로변이 좋을 거라고 생각하는데 결코 그렇지 않다. 그곳은 골목 안쪽을 돌아 모퉁이에 있었고 사람들이 많이 다니는 위치였다. 또한 음식점들이 즐비해 유동인구가 끊이지 않았다. 차로 다니기는 불편해도 월세를 받는 빌딩으로는 좋은 조건이었다. 보증금을 공제한 월 임대료가 한 달에 2,000만 원 정도로 수익률은 6% 정도였다. 계약을 마친 뒤 나는 현호 씨 부부가 정말 부러웠다. 월세가 나오는 수익형 부동산을 나도 꼭 가져야겠다고 생각하게 된 계기였다.

부동산 중개를 하면서 항상 느끼는 것은 다른 사람이 싫어해서 계약이 안 돼도 누군가는 그 물건을 마음에 들어 하며 꼭 산다는 것이다. 그래서 나는 내 기준으로 고객에게 브리핑하지 않는다. 그들의 의견을 먼저 취합한 다음 내 의견을 제시한다. 그렇게 하는 것이 확률적으로 계약률이 높다는 것을 많이 느꼈다.

나는 그동안 원룸부터 빌딩, 토지, 상가 등의 계약을 성사시켰다. 부동산에 따라 매매가격 차이는 엄청나다. 그런 물건들이 계약으로 이루어지면서 받는 수수료 차이도 크다. 그렇지만 작은 물건이라고 해서 소홀히 해서는 안 된다. 생각지도 못한 곳에서 나에게 큰 선물을 안겨 줄 때의 쾌감은 돈과는 결코 바꿀 수 없다.

우리는 살아가면서 가장 중요한 돈을 논하지 않을 수 없다. 누구나 재테크에 관심을 갖고 그 방법을 알기 위해 여기저기 찾아다니거나 인터넷을 뒤진다. 그리고 '평생 월급 통장이 하나씩 있다면 얼마나 좋을까?'라고 생각한다. 월급 통장을 만드는 방법은 다양하다. 꼭 비싼 수익형 부동산을 사지 않더라도 주변에 찾아보면 많은 것들이 있다. 적은 돈으로도 머리만 잘 굴리면 얼마든지 평생 월급 받을 수 있다. 누구는 오피스텔 몇 채를 굴리고, 또 누구는 소형 아파트를 사서 임대를 놓고, 또 누구는 경매로 낙찰을 봐서 임대수익을 만들어 간다.

지금부터 해도 늦지 않았다. 오늘은 다시 오지 않는다. 내일로 미루지 말고 오늘부터 평생 받을 수 있는 월급 통장을 꼭 만들어야 평생 돈 걱정 없이 살 수 있다.

평생 월급을 가져다주는
투자 시스템을 만들어라

사람들은 적은 돈이라도 꾸준히 모으면 언젠가는 목돈을 마련할 수 있다고 생각한다. 그래서 생활비를 차곡차곡 적금에 부으면서 시간을 허비한다. 그러나 그렇게 몇십 년을 모아도 돈을 불리는 것은 쉽지 않다. 부자를 막연히 롤모델로 삼으면서도 그 방법을 몰라서 그냥 꿈만 꾸며 제자리걸음을 하는 사람들이 대부분이다. 그리고 그렇게 살아왔기 때문에 그게 옳다고 생각한다. 매달 적금을 넣어서 목돈을 만들려 하지 말고 지금 가진 돈으로 매달 어떻게 월세를 받을지 고민해야 한다.

강주아 씨를 알게 된 것은 약 10년 전이다. 그녀는 항상 바빴기 때문에 투자에 대한 상담을 진중하게 하지 못했다. 그녀가 바쁜 이유는 골프광이었기 때문이다. 비나 눈이 오는 날을 제외하고는 그녀는 항상 필드에 나갔다. 한 가지 특이한 점은 부동산을 살 때마다 점쟁이의 말을 맹신했다는 것이다. 계약할 때마다 점쟁이에게서 어떤 답이 나올지 마음을 졸였던 그때를 생각하면 지금도 웃음이 난다.

주아 씨가 처음 부동산 사무소에 방문한 것은 입주할 아파트를 월세로 알아보기 위해서였다. 이미 그녀는 몇 개의 상가로 매달 월세를 받고 있던 터였다. 그녀가 임대로 들어간 집의 문제를 해결해 준 후 가끔 부동산에 먹을 것을 사 들고 오면 나는 그녀에게 투자를 권유했다. 그녀는 3억 원 정도의 현금을 갖고 있었고, 아파트보다는 상가나 오피스텔 같은 수익형 부동산을 원했다. 당시 광교와 판교에 하루가 다르게 상가들이 지어지고 있을 때였다. 나는 광교 상가부터 동판교, 서판교까지 상가를 짓고 있는 빌딩들을 왔다 갔다 했다. 그리고 마침내 그녀가 원하는 상가를 찾아 주었다.

당시 분당의 운중동 상가는 건물들이 계속 올라가고 있었고 분양이 많이 되어도 임대가 꽉 찬 상태가 아니라 시간이 걸리는 상황이었다. 나를 믿고 따라오는 주아 씨에게 최선을 다해야겠다고 생각했다. 나는 상가분양 시행사와 담판을 짓기로 했다. 분양

계약 당시 잔금날짜의 기간을 두더라도 임대가 나가지 않으면 연장해 주겠다는 확약서를 받았다. 시간이 가면 임대를 맞출 수 있지만 잔금을 미리 치르고 공실로 둔다면 그만큼 손해라 그것까지 조건으로 계약했다.

예상대로 임대가 나가는 데 6개월 정도가 걸렸다. 확약서를 받아 놓은 덕분에 시행사가 앞장서서 주아 씨가 계약한 곳에 먼저 임대를 넣어 주었다. 당시 그녀는 자본금 3억 원, 융자 1억 7,000만 원, 보증금 5,000만 원, 월 임대료 250만 원과 부대비용 2,000만 원으로 수익률은 7% 정도 되었다. 이자를 공제하고도 매달 200만 원 정도의 차익이 생겼다. 주아 씨는 한 달 월세만 1,000만 원이 넘게 나온다고 했다.

사람이 살아가는 데 필요한 것 중 제일 중요한 것은 돈이다. 삼성경제연구소가 2012년 1,000가구를 대상으로 실시한 조사에 따르면 4인 가구 기준 최소 301만 원의 생활비가 필요하다고 한다. 인생을 좀 더 풍요롭게 살려면 월세를 평생 받을 수 있도록 적은 액수라도 맞춰서 수익형 부동산에도 눈을 돌려야 한다.

돈이 없어서 못한다는 생각은 버려야 한다. 대부분의 사람들이 돈을 투자했다가 실패하는 것을 매우 두려워한다. 그러나 부동산 투자에 대해 잘 알지 못하더라도 전문가와 의견을 나눈다면 좋은 부동산을 찾을 수 있다.

과거 나는 보험설계사로 일하면서 고객들의 재무설계도 같이 해 주곤 했다. 재무설계를 하게 되면서 나는 정말 억척스럽게 일했다. 어떤 때는 경찰서 전 층을 다 돌기도 하고, 어떤 날은 동부 지원 전체를 다 돌고 다녔다. 다리가 퉁퉁 부어 구두가 들어가지 않을 정도로 걸었다. 그러면서 사람들이 보험에 가입하지 않아도 재무 설계를 원하면 신나게 설명해 주었다. 그래도 나는 힘들다는 생각을 단 한 번도 하지 않았다. 오직 계약을 많이 성사시키고자 하는 욕심뿐이었다. 나는 한번 발을 들여놓으면 소위 꼭지가 돌 정도로 일을 하는 경향이 있었다. 일을 하면서 미래에 대한 설계를 다시 해야 한다는 것을 깨닫게 되었다. 노후를 대비하지 않으면 정말 끔찍한 인생을 살 수밖에 없다는 것을 직접 눈으로 보면서 더욱 절실히 느꼈던 것이다.

보험회사에서 알려 주는 재무설계는 종신보험을 팔기 위한 것이지만 노트북을 들고 다니면서 미래설계를 해 주면 이해도 빨랐다. 그리고 부동산과의 연결고리가 있어서 나는 항상 포트폴리오를 강조했다. 부동산과 다른 저축상품을 나누어서 분산투자를 해야 한다고 설명하며 아이들의 교육비, 결혼자금, 주택구입, 노후준비 등의 대비책으로 보험에 가입시켰다. 만약 지금의 상황이었다면 나는 부동산에 투자하라고 했을 것이다. 이렇듯 사람은 자신이 처한 상황에서 세상을 보게 된다.

당시엔 나도 보험에 많이 가입했다. 물론 보험도 살아가면서 필요하다. 주변에서 갑자기 사고를 당해 보험금 지급을 내가 직접 해 준 적도 여러 번 있었다. 그러나 장기적으로 봤을 때 부동산에 투자하는 게 훨씬 낫다고 생각한다. 내가 7년간 부었던 적금은 이 자가 붙었음에도 원금과 그렇게 차이가 나지 않았다. 보험을 해약 하는 것이 아까워서 장기적으로 놔두었는데 차라리 손해를 볼지 라도 해약해서 부동산을 샀더라면 더 많은 수익을 낼 수 있었을 것이다.

송진영 씨는 오늘도 나의 부동산 사무소를 방문했다. 거의 일 주일에 한 번꼴로 들르곤 했다. 그녀는 나와 부동산 계약을 하지 는 않았지만, 우연히 길거리에서 걸음을 부축해 준 것이 인연이 되었다. 진영 씨는 몇 해 전 남편과 사별한 후 가사도우미와 같이 살고 있었다. 자녀들은 돈이 필요할 때만 가끔 들른다고 했다. 그 래도 그녀는 다행히 경제적인 여유가 있었다. 남편이 노후준비용 으로 마련한 상가에서 월세가 800만 원 정도 나오고, 아파트도 현재 거주하는 곳까지 여러 채 가지고 있었다.

진영 씨는 아직 나이가 많지 않아 가지고 있는 돈을 쓰며 해 외여행도 다니면 좋겠지만 걷는 것조차 힘든 상황이다. 만약 돈도 없고 자녀들에게 얹혀살아야 하는 상황이었다면 비참하고 불행했 을 것이다. 그나마 월세가 나오기 때문에 다행이었다. 진영 씨처럼 경제적으로 여유 있는 경우가 아니면 본인 스스로 노후를 준비해야 한다.

2017년 65세 이상 인구 비율이 14%라고 한다. 2020년이 되면 20% 이상이 될 전망이라고 한다. 예상보다 빨라지고 있는 초고령사회의 답은 돈이다. 요즘 돈 있고 여유 있는 시니어 배낭족이 늘고 있다는 기사를 보았다. 해외여행을 다닐 정도가 되려면 돈이 필요하다. 그러기 위해서는 매달 월세가 나오는 부동산 투자에 주목하라. 갑작스러운 경제적 위기가 닥쳐도 매달 월세를 받을 수 있도록 대비한다면 헤쳐 나갈 수 있다. 그저 로망으로 끝내지 말고 평생 받는 월세 수입을 꼭 만들어야 한다.

수익형 부동산으로
월세 소득, 투자 수익까지 얻어라

"박 사장님, 급하게 의논할 게 있는데 가슴이 떨려서 말이 안 나오네요."

전화기 속에서 최 씨 할머니의 목소리가 떨리고 있었다.

"무슨 일인데 그러세요? 내일 오전에 꼭 오세요."

그녀는 알겠다고 한 뒤 전화를 끊었다. 다음 날, 사무소를 찾은 최 씨 할머니는 다리에 힘이 풀린 듯 털썩 의자에 주저앉았다. 70대 중반의 최 씨 할머니와는 용인에 위치한 아파트를 정리해 주면서 안면을 익힌 사이였다. 할머니는 가지고 있는 다른 아파트들을 팔기 위해 내놓으면서 진행 상황을 알기 위해 가끔 들르곤 했다. 워낙 깔끔하고 옷을 잘 입고 다니던 터라 부유한 사모님으로 생각했기 때문에 속사정은 전혀 몰랐다.

알고 보니 할머니의 아들 내외가 사업을 한다고 집을 담보로 대출받아 은행에서 경매에 들어간다고 연락이 왔다고 했다. 아들은 사업이 잘되지 않아 이자를 낼 형편이 되지 않았다. 최 씨 할머니는 현재 기거하는 곳이 경매로 넘어가면 갈 곳도 없다며 어떻게 해야 할지 모르겠다고 했다. 더군다나 대출받은 은행이자를 내지 않아 곧 경매가 진행되는 상황이었다. 아파트 두 곳 중 하나는 융자를 공제하고도 1억 원 정도는 남을 것 같아 일단 그것부터 정리하도록 했다. 그리고 본인이 거주하던 50평 아파트도 급매로 처분했다. 그렇게 아파트 두 곳의 매매가를 합해 10억 원 정도 되었으나 할머니의 수중에는 2억 5,000만 원 정도가 남았다. 당장 생활비도 나와야 하는 상황이라 일단 오피스텔을 사기로 결정했다.

최 씨 할머니는 1억 2,000만 원의 오피스텔 세 채 중 한 채는 본인이 입주했고, 두 채는 보증금 500만 원에 월 임대료 두 개를 합쳐서 120만 원의 이자를 공제하고 90만 원을 받는다. 비록 작은 곳으로 이사했지만 경매로 진행되기 직전 아파트를 처분하면서 그나마 본인 생활비는 받을 수 있었다.

부동산 일을 하다 보면 예기치 못한 일로 재산을 다 날리는 경우도 보고, 재테크를 잘해서 수십억 자산가가 된 사람들도 많이 본다. 오피스텔의 경우는 보통 돈 많은 사람들이 투자하는 물건은 아니다. 소액으로 조금이라도 보탬이 되거나 시세차익을 보기 위해서 하는 사람들이 많다. 손쉽게 투자할 수 있고 적은 금액이라도 역세권에 위치한다면 환금성이 좋아 매매도 잘 되는 편이다.

얼마 전 수원지원에 괜찮은 오피스텔이 나와서 딸에게 낙찰을 보라고 보냈는데 경쟁자가 20명이나 되었다. 매매시세가 1억 4,000만 원이었는데 그 시세에 어느 회사에서 낙찰을 보았다. 이처럼 주변을 돌아보면 투자할 만한 소형 오피스텔이 많다.

내가 아는 한 고객은 남편과 이혼 후 딸 둘을 키우고 있다. 그녀는 이혼 당시 양육권 때문에 시간을 오래 끌었고 아이들을 데려오는 게 최선이라고 생각했다고 한다. 그런데 지금은 조금 후회가 된다고 했다. 지금이야 자신이 돈을 벌고 있지만 앞으로의 미래가 불투명해 불안하다고 했다. 한자리에서 오랫동안 피아노 학원을 운영한 고객은 학부형들에게 입소문이 퍼지면서 제법 돈을 벌었다. 그리고 매일 저녁 늦게까지 학원을 운영하다 보니 다른 곳에 신경 쓸 겨를이 없어 은행에 예금으로 넣어 놓은 상태였다.

그러다 친구의 권유로 나를 소개받게 되었다. 고객은 부동산 투자는 현금이 많아야 된다고 생각해 엄두도 내지 못했다고 했다. 우리는 처음에 오피스텔 분양권으로 초기 투자금 6,000만 원에 세 곳을 분양받았다. 당시 나는 오피스텔 임대를 1년만 줄 것을 권했다. 부동산은 항상 수요와 공급의 법칙의 틀에서 가격이 오르고 내리고를 반복한다. 역세권 오피스텔은 1년 후면 임대수요가 많아지고 공급은 달린다. 그리고 잔금을 치를 당시는 임대로 몰리면서 한 채당 45만 원으로 시세보다 훨씬 못 미치게 받았다. 다행히 그 다음 해에는 한 채당 60만 원씩 받으면서 월 180만 원의 수입이 안정적으로 나오고 있다.

내가 소형 오피스텔을 권유해 분양받은 사람 중에는 경제적 여유가 있어서 투자하는 사람들도 많다. 하지만 대부분은 생활비를 쪼개고 모은 종잣돈으로 한 푼이라도 생활비를 벌기 위해서 투자하는 사람들이 대부분이다. 처음에 계약할 때는 막연히 기대를 하지만 매달 월세를 받기 시작하면 무척 좋아한다. 그렇게 나를 거쳐 가면서 소형 오피스텔을 산 사람들이 셀 수 없이 많다.

식당을 운영하는 서미래 씨와 처음 만난 것은 부동산 사무실의 화장실에 나오면서였다. 그녀는 나를 처음 보자마자 내 얼굴에 '부동산 하는 여자'라고 쓰여 있었다며 야무져 보여서 자신의 집을 팔아 줄 것 같아 무조건 따라 들어왔다고 했다. 그렇게 희한하게 인연이 되어서 가끔 보게 되었다.

알고 보니 그녀의 사정도 참 딱했다. 식당을 운영하는 데 5억 원 정도가 들어갔는데 현재 장사가 안 돼서 죽을 맛이라고 했다. 게다가 본인이 거주하는 아파트의 매매가가 6억 원인데 대출액은

236

7억 원이었다. 남편이 땅을 사기 위해 대출을 받은 뒤 버블세븐지역으로 묶이면서 가격이 내려가 깡통아파트가 되고 만 것이다. 그녀는 다 괜찮으니 신용불량자만 안 되게 해 줬으면 좋겠다고 했다.

매매시세가 6억 원인데 7억 원에 팔아 달라는 것은 불가능에 가까웠다. 그래서 일단 식당을 정리하라고 권했다. 장사도 안 되고 월세만 나가는 상황이니 빨리 결정해야 했다. 그 후 미래 씨는 식당을 처분하고 손에 쥔 2억 원으로 플랜을 짰다. 다행히 아파트를 사겠다는 사람이 나타나 6억 원에 융자금 1억 원을 더 보태서 정리할 수 있었다. 워낙 짐이 많아 한꺼번에 줄일 수는 없어서 30평대 아파트에 보증금 2,000만 원과 월 임대료 80만 원으로 옮기기로 결정했다. 일단 옮긴 후 땅이 팔리면 작은 아파트라도 생각하자고 권했다.

그리고 남는 돈 1억 8,000만 원으로 투룸과 원룸 오피스텔 두 채를 샀다. 투룸과 원룸 오피스텔 총 매매금액 3억 2,000만 원 중 대출받은 금액 1억 4,000만 원과 월 임대료 150만 원에서 본인이 입주한 아파트 월세와 대출이자를 공제하면 매달 35만 원 정도가 남았다. 깡통아파트 대출금으로 인한 은행의 독촉과 이자 금리도 만기가 지나서 훨씬 비쌌다. 7억 원에 대한 이자는 엄청난 것이었다. 이처럼 주변에는 사람들이 생각지도 못하는 일들이 많이 일어난다. 나는 부동산 일을 하다 보니 그런 일들을 직접 경험할 때가 많다.

미래 씨는 땅이 팔리면 집을 사서 들어가기로 하고 깡통아파트를 정리해서 수익을 볼 수 있었다. 그녀는 신용불량자가 되지 않은 것에 너무 감사하다며 고마워했다.

모든 일들이 들을 때는 큰일이 아닌 것 같아도 막상 일이 닥치면 대부분의 사람들은 헤쳐 나가지 못한다. 그렇게 재산 손실을 보는 경우를 무수히 봐 왔다. 어려움 속에서 경제적인 자유를 얻고자 한다면 적은 돈으로라도 투자할 수 있는 소형 오피스텔을 눈여겨보라고 권하고 싶다.

준비 없이
오래 사는 것은 재앙이다

"박 사장님, 30분만 시간 좀 내 줄 수 있나요?"

이른 아침, 출근하자마자 고객에게서 전화가 왔다.

"오전에는 한가하니까 오셔도 돼요."

80대의 노부인 고객이 방문해 상담하는 일들은 지극히 평범하고 사소한 것들이었다. 그분에게 임대를 몇 번 놔주고 아파트 하나를 매매해 주면서 그 고객은 내 사무실을 자주 찾게 되었다. 나는 별다른 내색은 하지 않았지만 바쁠 때는 곤란하기 일쑤였다. 그분에게는 딸이 있지만 외국에 나가 있고 남편과 사별 후 80평대 아파트에서 혼자 거주한다. 그래서 대소사를 의논하러 가끔 나를 찾았다. 내가 운영했던 부동산 사무소에는 유난히도 연세가 많으신 할머니 할아버지들이 참 많이 방문했다. 따뜻한 말 한마디라도 건네면 그분들은 집안 내력을 술술 풀어내곤 했다. 설령 그게 자식들 욕일지라도 말이다. 어디다 하소연할 데가 없는 것이다. 그분들은 공기 좋고 물 맑은 곳을 찾다 강남에서 용인 수지로 많이 내려왔다고 했다. 그래서 이야기를 하다 보면 빌딩이 몇 채 있다는 둥 왕년에 잘나가는 회사 대표였다는 둥 하면서 자랑을 하신다.

위의 고객도 그동안 교사로 재직하면서 일찍 부동산에 눈을 떠서 돈만 모이면 부동산을 샀다고 자랑을 하곤 했다. 그나마 노후를 편안하게 보낼 수 있는 것은 부동산 덕분이라고 항상 말했다. 그러면서 나 같은 똑똑한 비서나 하나 있으면 좋겠다고 했다. 벗 삼아서 여행도 다닐 수 있을 거라며 말이다.

"저 같은 고급인력은 비싸서 비서 못해요."

나는 이렇게 말하며 웃어넘기곤 했다. 그분은 나를 부러워하며 젊어서 좋겠다고 했다. 그분이 보는 나는 참 젊어 보이나 보다.

이승복 할아버지를 처음 만난 것은 50평대 아파트를 매매하면서였다. 그 집에 할아버지 내외가 살고 있었는데, 집 구석구석이 지저분하고 썩은 냄새가 진동했다. 군데군데 보따리가 쌓여 있어 발 디딜 곳이 없을 정도였다. 거기다 형편이 좋지 않아서 보일

러도 돌리지 않고 냉방에 기거하고 있었다. 집 상태가 좋지 않아 매매를 할 때도 엄청 애를 먹었다. 아무도 돌보지 않고 사람만 사는 그곳은 마치 돼지우리 같았다. 누가 돌봐 주는 사람도 없고 형편도 안 되니 버릴 생각을 못하고 물건을 계속 쌓아 놓은 것이다.

문제는 내가 그 아파트를 매매하면서 더욱 커졌다. 이 씨 할아버지가 가진 돈 전부가 1억 5,000만 원이었는데 그 돈으로 전세를 얻을 만한 곳이 없었다. 겨우 찾다가 경매로 낙찰을 본 아파트에 융자가 좀 있어서 그걸 이용해 싸게 얻어 드렸다. 그런데 안타깝게도 이사를 한 지 10일 만에 돌아가시고 말았다. 그것도 이 씨 할아버지의 사모님이 보증금을 반환받기 위해 오면서 알게 되었다. 사모님은 시골로 가려 하는데 할아버지가 사망하면서 자식이 엄마에게 양도한다는 위임장을 줘야 보증금을 반환받을 수 있다고 했다. 그러나 부부는 아들과 연을 끊은 지 오래였다.

저출산과 고령화가 가속화되면서 인구절벽으로 주변에서 여러 가지 일들을 일어나고 있다. 인구가 감소하면서 경제 활동 인구도 줄어들고 있다고 한다. 우리의 미래는 암울하기 이를 데 없다. 게다가 개인 수명과 경제활동 기간이 늘어나면서 현금흐름을 다각적인 방법으로 모색해야 한다. 저금리, 저성장 시대에 부동산 투자만 한 자산은 없다고 본다. 지금부터라도 열심히 시대에 맞춰 대비해야 한다.

남편과 이혼한 하미선 씨는 전세로 1억 8,000만 원에 거주하고 있었고 전입신고는 한 상태였다고 한다. 그런데 어느 날 주인이 은행대출 문제로 전출을 잠깐만 해 달라고 부탁해서 들어 주었다. 그런데 아무런 말도 없이 경매가 들어왔다. 얼마 후 주인은 대출을 받아서 야반도주해 버렸고 해결할 방법이 없었다. 그녀는 본인이 이혼하면서 받은 돈이 8,000만 원 정도 있었고 어떻게 처리해야 할지 힘들어했다. 얼마 후 그녀가 살던 집은 다른 사람 손에 넘어갔고 전후 사정을 이야기해서 최대한 이사비용이라도 받아서 나오라고 했다. 그렇게 그녀는 본인 스스로 자진 명도 조건으로 이사비용 1,000만 원만 받아서 나와야 했다. 당장 생활은 가능했지만 기거할 만한 곳이 없었다.

나는 고심 끝에 다세대주택을 사라고 권유했다. 내가 권유했던 다세대주택은 교통이 편리한 역세권이어서 임대도 충분히 가능했다. 방 3개, 화장실 2개의 주택을 사서 나는 그녀에게 방을 1개만 사용하고 나머지 2개는 임대를 주라고 권했다. 미선 씨는 내 말을 따랐다. 당시 다세대 매매가는 1억 8,000만 원으로, 융자금 1억 원, 방 2개에 대한 임대를 보증금 500만 원에 월세 60만 원으로 임차를 주었다. 교통이 편리한 곳에 위치해 있어 임대를 구하기는 아주 쉬웠다. 그렇게 이자를 내고도 33만 원 정도가 남았다.

이처럼 가지고 있는 돈이 적다고 꼭 임대로 갈 생각보다는 어떻게 대처하는 게 유리할지 한 번 더 생각하는 자세가 필요하다.

만약 미선 씨가 투룸으로 이사를 갔다면 언제나 투룸 신세였을 것이다. 현재 그곳은 역세권이라 가격이 2억 3,000만 원까지 올랐다. 투자금액에 비하면 엄청나게 오른 것이다.

병원에서 근무하는 간호사로 미혼인 고객이 있다. 그녀에게 임대를 여러 번 놔주면서 인연이 되었다. 바쁜 직장 여성이 대부분 그렇듯 그녀도 부동산에 딱히 관심이 없었다. 쉬는 날에는 무조건 쉬고 또다시 직장에 나가는 일을 반복하다 보니 부동산에 관심을 가지게 된 것은 몇 년도 채 되지 않았다. 만약 그녀가 좀 더 일찍 부동산에 눈을 떴더라면 자산을 충분히 늘릴 수 있었을 것이다.

그녀는 매번 격일로 저녁에 근무해서 피로가 누적되어 항상 피곤해했다. 그래서 쉬는 날이나 휴가 때면 해외에 나가 그동안의 스트레스를 풀었다. 언제나 바쁘고 혼자 살다 보니 경제적으로 여유롭게 살고 있다고 생각했다고 한다.

그러다 집을 얻으러 다니면서 부동산에 눈을 뜨게 되었고 조심스럽게 투자에 관심을 가지게 되었다고 했다. 그녀는 역세권에 오피스텔 두 채를 장만해 현재 월세가 200만 원 정도 나온다. 본인이 정년퇴직하면서 나오는 연금과 합치면 노후는 걱정하지 않아도 될 정도다. 그래도 그녀는 혼자 노후를 보낼 것을 생각하면 가끔은 걱정이 된다고 했다. 남들은 자식들도 있고 무슨 일이 있으면 그들이 달려와 줄 텐데 자신은 문득 혼자라는 것을 생각하면 갑자기 우울해질 때가 있다고 했다. 이렇게 노후를 준비해도 걱정인데 전혀 무방비인 경우는 더 말할 것도 없다.

인구절벽으로 인해 국민소득이 점차 감소한다는 연구 결과를 보았다. 인구절벽 공포가 이미 현실로 닥친 만큼 미리 대책을 준비해야 한다. 그러기 위해서는 미래를 내다보고 사람이 몰리는 곳에 투자해야 한다. 개발 호재가 있는 곳, 역세권, 상권형성지역 등 사람들이 몰릴 만한 밀집 지역을 대상으로 인구절벽 시대를 대비하자.

노후 대책,
부동산이 답이다

오늘도 김형욱 씨는 오전 9시에 여지없이 내 사무실로 들어섰다. 걸음도 제대로 못 걷고 다리는 뒤뚱거리면서 몸에서는 몇 달간 목욕을 안 한 건지 지독한 냄새가 진동한다. 냄새가 코를 찔렀지만 인상을 찌푸릴 수도 내색할 수도 없다. 심호흡을 하고 최대한 숨을 멈추고 버티며 그가 빨리 나가기를 바랄 뿐이었다.

형욱 씨가 방문한 이유는 부동산 계약을 위해서가 아니다. 버스카드 충전을 위해서다. 그는 자식과 같이 살지 않는다. 혼자 버스를 타고 이동해 어떤 때는 반찬을 사서 봉지를 들고 사무실에 들어선다. 그 모습이 정말 한없이 불쌍해 보였다. 어떤 날은 수염도 제대로 밀지 않은 상태로, 어떤 날은 옷에 김칫국이 묻어 있는 상태로 사무실에 들어왔다.

부동산 일을 하면서 사람들과의 대면이 좋다는 생각에 교통카드 충전 기계를 들여다 놓았다. 버스를 타고 다니는 사람을 공략하기 위해서였다. 내 예상은 적중했다. 교통카드를 충전하는 사람들을 통해 매물도 많이 받았고 계약 성사 확률도 높아졌다. 사무실은 교통카드를 충전하기 위해 수많은 사람들이 들락거렸다.

형욱 씨와 같은 경우는 고령화시대에 진입하면서 흔히 볼 수 있는 모습이다. 조금만 경제적으로 여유가 있었다면 아웃소싱의 혜택을 만끽할 수 있었을 것이다. 그러나 그렇지 않으면 편안하게 한 끼 식사를 즐길 수 없고 본인 스스로 모든 것을 해결해야 한다. 아무리 자식들을 위해 노력했더라도 나이 먹어서 경제적으로 안정되지 않으면 남에게 피해를 주거나 삶이 불행해질 수밖에 없다.

얼마 전, 은퇴를 앞둔 베이비붐 세대가 위기에 내몰리고 있는 신문기사를 봤다. 노후 준비가 되어 있지 않은 사람이 무려 50%에 육박했다. 별다른 대비책 없이 노후를 맞은 것이다. 그들은 국민연금, 기타 공적연금, 사적연금, 퇴직급여, 부동산 운용 중에서 노후를 위한 방편으로 준비된 것이 전혀 없었다.

나도 베이비붐 세대로서 깊이 공감한다. 이런 사례는 주변에 많이 널려 있다. 어떤 사람들은 재산을 다 정리하고 남은 것이 별로 없는데도 지속적으로 자식들의 사업자금이나 집을 사는 데 보태 주기도 한다. 그렇게 하고도 자식들은 끊임없이 돈을 요구한다. 그들의 이야기는 나쁜 자식들과 며느리 이야기뿐이다. 얼마나 답답하면 생면부지인 나에게 와서 가족들의 욕을 하겠는가? 그분들은 자식들에게 생활비를 덜 준다고 며느리가 명절에 발을 끊은 이야기며, 현재는 투자할 돈도 없고 외롭게 지낸다는 하소연뿐이다. 본인 재산을 지키기 위해 자식과 언성을 높이고 서로 상처를 주기도 한다.

그 모든 것이 돈이 발단이 되는 경우가 많다. 그러면서도 그분들은 하나같이 본인이 젊었을 때는 국세청장이었고 건설회사 대표였다며 자랑을 늘어놓았다. 옛날에 잘나가던 시절의 이야기를 하는 것이다. 하지만 지금 현실은 그렇지 않다는 것이 가슴 아플 뿐이다.

성진태 씨가 처음 부동산을 찾아온 것은 약 8년 전이다. 괴팍하고 할 말 못 할 말을 가리지 않는 그와 이야기를 하다 보면 기분이 상할 때가 여러 번이었다. 그래도 고객인데 어찌하겠는가. 참을 인을 몇 번이나 마음속으로 생각하면서 화를 누른 적이 한두 번이 아니다.

어찌 되었든 진태 씨와 가까워지면서 그의 속사정을 알게 되었다. 진태 씨는 50평대 아파트에 융자가 2억 원이나 있었다. 정년퇴직 후 아무 벌이도 없고 돈이 나올 곳도 없는데 어떻게 해야 할지 내게 자문을 구했다. 나는 연세가 있고 당장 들어오는 돈이 없으니 집을 팔고 수익률이 나오는 물건으로 갈아타라고 권유했다.

진태 씨는 처음에는 시큰둥했지만 몇 달을 고민한 끝에 그러기로 결정했다. 당시 대형평수가 잘 팔리는 상황이 아니었지만 임자는 있는 법이다. 4억 7,000만 원에 아파트를 매도한 후 융자상환을 하고 1억 7,000만 원의 전세로 옮겨 드렸다. 그리고 오리역 부근에 오피스텔 두 채를 사 드렸다. 1억 원으로 투자할 곳은 극히 제한적이다. 그 당시 오피스텔 가격이 한 채당 1억 3,000만 원, 전세가는 9,000만 원이었다. 그래서 한 채는 전세로, 다른 한 채는 융자를 받아서 월세 보증금 1,000만 원에 임대료 60만 원으로 맞춰 주었다. 그리고 이자를 내다가 드디어 역전이 되었다. 진태 씨는 오피스텔을 사면서 대출받았던 이자를 제하고도 40만 원의 생활비가 생긴다고 좋아했다.

그 후 가지고 있던 땅도 정리가 되어서 전세로 놓았던 오피스텔도 월세로 전환하고 지금은 160만 원 정도의 수익이 나온다고 했다. 큰돈이 있어야 부동산 투자를 할 수 있다는 생각은 버렸으면 한다. 진태 씨의 사례처럼 생각만 바꾸면 얼마든지 좋은 방향으로 갈아탈 수 있는 것들이 존재한다.

부동산 투자는 한 끗 차이다. 생각만 바꾸면 된다. 그렇다고 없는 돈 있는 돈을 모두 부동산에 투자하라는 것은 아니다. 뭐든지 때가 있는 법이다. 그동안 쌓아 온 경험을 토대로 투자를 해 보라. 경험이 없다면 가까운 부동산 사무소에 자주 들러서 친하게 지내는 것도 좋은 방법이다. 그 외에도 내가 운영하는 네이버 카페인 〈30대를 위한 부동산 투자 연구소〉를 방문하거나 나의 연락처인 010.9600.4984로 조언을 구한다면 부동산 투자에 관한 노하우를 친절하게 이야기해 줄 것이다.

이시원 씨는 형편이 그리 넉넉지 않은 상황으로 이미 정년이 훨씬 지났고 부인에게 의존하며 생활하고 있었다. 연금이 나오는 것도 아니었다. 그래도 그동안 잘 먹고 살 수 있었던 것은 아이스크림 매장을 운영하는 부인이 생활비를 부담했기 때문이다.

그런데 시원 씨의 부인이 갑자기 쓰러져 세상을 떠나고 말았다. 예상치 못한 일로 그는 두 가지 문제를 해결해야 했다. 하나는 아이스크림 매장을 운영하기 위해 대출받은 아파트였고, 나머지 하나는 매달 나가는 이자에 장사가 잘 되지 않는 매장이었다. 시원 씨는 본전이라도 건지기 위해 무던히 애를 썼다. 그는 더 많은 이자를 내고 추가로 대출까지 받으면서 2년 정도를 더 버텼다. 그동안 나오던 생활비며 추가로 들어가는 모든 비용을 대출받은 돈으로 충당했다.

그러다 결국 아파트와 가게를 2년 전보다 훨씬 못한 가격에 급하게 정리하고 말았다. 그리고 절대 들어갈 수 없다고 버티던 아들 내외의 집으로 어쩔 수 없이 들어가게 되었다. 부동산을 정리하면서 눈물이 글썽글썽하던 시원 씨의 모습을 지금도 잊을 수 없다.

나이가 들수록 더 부동산에 투자해야 한다. 이젠 평균수명 100세 시대다. 대책 없이 노후를 자식들에게 의존한다는 것은 정말 슬픈 일이다. 자식들도 미래가 밝지 못하다. 그만큼 세상이 각박해지고 있다. 결코 자식들에게 짐이 돼서는 안 된다. 아무 계획 없이 미래를 맞이하는 경우를 주변에서 너무도 많이 보았다. 예상치 못한 일로 고통받는 사람도 너무 많다. 고령화시대에 맞춰 노후 대책은 필수다. 고령화시대일수록 부동산이 정답이라는 것을 다시 한번 명심하자.

트럼프 쇼크에도
부동산에 돈이 몰린다

요즘 신문을 보면 매일같이 지면을 장식하는 내용이 있다. 바로 트럼프 미국 대통령의 막말이다. 그가 어떤 말을 하느냐에 따라 미국시장의 3대 지수인 다우지수, S&P500지수, 나스닥지수가 오락가락한다. 이렇게 온 나라를 들쑤셔 놓고 본인은 정작 호화 휴양지인 플로리다로 휴식을 취하기 위해서 날아갔다고 하니 대통령의 자격이 의심되기도 한다. 트럼프 대통령을 딱히 좋아하지는 않지만, 내가 제일 관심을 갖는 부분은 부동산으로 부를 축적한 것이다. 트럼프 대통령은 부동산으로 성공했다고 해도 과언이 아니다. 트럼프 쇼크에도 헤어날 수 있는 방법의 하나로 우리는 수익형 부동산에 관심을 가져야 한다.

다음은 리먼 사태(2008년 9월 15일 미국 투자은행 리먼브라더스 파산에서 시작된 글로벌 금융 위기)에도 굴하지 않고 적은 돈으로 상가에 투자했던 윤경석 씨의 사례다. 그는 2008년 모든 사람들이 부동산은 끝났다고 말할 때 상가를 매수했다. 당시 부동산은 하락기에 접어들었고 다시 적금이나 펀드로 돌려야 한다는 등 의견들이 나뉘었을 때였다. 나는 경석 씨에게 시장이 안 좋은 지금 매수를 해야 한다고 권유했다. 마침 경석 씨도 같은 생각을 하고 있던 터였다. 그가 간절히 상가를 원했던 가장 큰 이유는 노후 대책이었다. 정년이 다 되었지만 특별하게 모아 놓은 돈도 별로 없었다. 그리고 자식들 교육비 및 결혼자금으로 돈이 나가고 나니 걱정이 된다면서 한탄했다. 나이 먹고 어디 직장에 들어가기도 힘들고 그동안 바쁘게 살아왔기 때문에 이제는 여유 있게 살고 싶어 했다. 지금 당장이라도 준비를 해야 한다고 생각했던 것이다.

나는 경석 씨에게 상가를 수도 없이 보여 주었다. 그때마다 그는 평수가 아니고 가격이 별로고 위치가 아니라면서 수없이 퇴짜를 놓았다. 그 후로도 좋은 물건을 검증해서 열심히 보여 주었다. 얼마 후 좋은 상가를 찾아서 마침내 계약을 할 수 있었다. 그 상가는 학교 길목에 있어 위치도 괜찮고 학원을 운영할 수 있는 자리였는데, 건물 주인의 경제적인 사정 때문에 급하게 나온 매물이었다. 1년을 기다려도 안 팔리자 매도자가 거의 손들고 1억 원을 다운해서 매도하면서 시기적으로 딱 맞았던 것이다. 상가 3층에 분양가 2억 5,000만 원으로 전용평수는 50평이었다. 차후 무엇을 임대로 놓는다 해도 좋은 물건이었다. 통으로 임대를 놔도 되고 안 되면 둘로 나누어도 된다는 장점이 있었다. 경석 씨는 적은 돈으로 어렵지 않게 상가를 손에 넣을 수 있었다. 당시 투자했던 돈은 대출받은 7,000만 원과 실투자금을 포함해서 9,000만 원 정도가 들었다. 이처럼 물건 하나를 사거나 파는 데도 많은 노력이 필요하다.

당시는 임대를 맞추기도 무척 힘들었다. 목이 아주 좋은 자리는 아니었지만 가격이 저렴하고 평생 월급처럼 돈을 받는 것에 중점을 두었기 때문에 경석 씨에게는 B급 정도 상가가 더 적합했다. 그는 보증금 1,000만 원에 월 임대료를 60만 원으로 놓았다. 지금은 임대료가 180만 원으로 오른 상태다. 시장이 안 좋으면 사정상 팔아야 하는 물건들이 있다. 잘 찾아보면 주변에 투자할 물건들을 찾을 수 있다.

경석 씨가 매수한 그 상가에서는 현재 10% 이상의 수익률이 나온다. 게다가 지하철역도 생기면서 가격도 많이 올랐다. 그가 정년퇴직을 한 후 나는 몇 개의 상가를 더 계약해 주었다. 경석 씨는 상가에서 나오는 임대료로 여행을 다니며 여유롭게 노후를 즐기고 있다.

지금 우리나라는 11.3부동산대책의 영향을 받고 있다. 전매제한기간 강화, 1순위 제한, 중도금대출 강화 등으로 아파트 청약제도가 완전히 바뀌면서 시장이 흔들리고 있다. 과연 부동산에 투자를 해야 되는지 혼란스러워하는 것도 사실이다. 분양 아파트의 경우 거의 규제를 받는다. 그렇다고 손 놓고 있을 수는 없다. IMF, 리먼 사태, 서브프라임모기지 등 커다란 사건들이 터졌을 때도 피해를 본 사람이 있는 반면 그걸 이용해 엄청난 부를 축적한 사람들도 있다. 부동산 투자의 틈새시장은 아직도 많이 열려 있다.

사람은 본인에게 오는 기회를 꼭 잡아야 한다. 가끔은 나도 조금만 생각을 바꿨더라면 더 많은 돈을 벌 수 있었을 텐데, 라는 생각을 할 때가 있다. 열심히 계약을 해 주면서도 정작 나의 투자에는 소홀했다. 돈이 없었기 때문에 엄두를 못 낸 적도 있지만 조금만 생각을 바꿨더라도 적은 돈으로 투자할 곳은 많이 있었다. 그러므로 오는 기회를 놓치지 않고 주워 담는 자세가 필요하다.

하루는 50대 후반의 부부가 부동산 사무소에 방문했다.

"아파트 좀 보러 왔는데요."

대구에서 올라왔다는 부부는 이미 이곳 지리를 다 파악한 상태였다.

"몇 평을 원하시나요? 입주는 하실 건가요?"

나는 우선 부부가 원하는 것을 탐색하기 시작했다. 그리고 이곳저곳 아파트를 보여 주면서 그들의 현금 보유 상황을 알게 되었다. 나는 집을 보여 줄 때 고객이 기분 나쁘지 않도록 질문을 한다. 그래야 그들에게 맞는 부동산을 맞춰 줄 수 있기 때문이다. 아파트를 원하는 사람들의 성향은 정말 다양하다. 학군, 리모델링 상태, 아파트 세대수, 버스와 지하철역, 층간소음, 조망 등등 이러한 조건들에 맞춰 계약을 하기 위해서는 계속 탐색을 해야 한다.

위의 부부는 아파트를 꼭 사고자 하는 사람들이었다. 나는 굴러들어 온 보석을 놓칠 수 없었다. 아파트만으로 끝나지 않고 나는 급매로 나온 상가도 권유했다. 전혀 예상을 못했던 상황이라 부부는 조금 당황하는 눈치였으나 나는 굴하지 않고 가서 물건이라도 보라고 했다. 부부는 1층에 나온 상가를 보고 흡족해 했고, 결국 5분도 안 돼서 바로 계약 허가를 받아낼 수 있었다.

이렇게 계약을 하면 항상 후회하는 사람이 있다. 내가 좋은 상가가 있으니 먼저 하라고 권유했던 고객인데 이미 위의 부부가 계약금을 넣은 후 계약을 하겠다고 연락이 왔다. 그는 내가 말을 안 해 줬다며 무척 서운해했다.

부동산은 언제나 타이밍이다. 나는 계약할 때까지 목을 매면서 기다리지 않는다. 첫 번째 원칙은 먼저 매수를 결정한 사람이 부동산을 가질 자격이 있다는 것이다. 영업을 하면서 내가 머뭇거리면 고객도 나도 좋은 기회를 놓친다는 것을 여러 번 뼈저리게 느꼈기 때문이다.

꼬박꼬박 월세 나오는
수익형 부동산에 투자하라

요즘 수익형 부동산에 관심을 갖고 상담받는 사람이 많아졌다. 저금리 시대를 맞이하면서 더 이상 예금만으로는 노후를 감당할 수 없기 때문이다. 불투명한 미래에 경제적인 어려움이 닥칠 때도 수익형 부동산은 커다란 버팀목의 역할을 한다. 100세 시대의 풍요로운 삶을 위해서라도 수익형 부동산에 대한 투자는 꼭 필요하다. 투자자 중에는 원룸을 찾는 사람도 있고, 오피스텔, 다가구, 점포주택, 공장형 아파트, 호텔, 소형 아파트, 상가 등을 찾는 사람도 있다. 이러한 부동산 중 나에게 맞는 것이 무엇인지, 교통편이나 여러 가지 여건을 꼭 따져 본 후 접근해야 한다.

잠실에 거주했던 한 고객은 제법 돈을 불려 여유자금이 있었다. 그녀가 관심을 가졌던 것은 다가구주택이었다. 처음에는 이곳저곳 많은 곳을 다녔다. 나는 용인 수지, 동천, 죽전, 풍덕천 등을 추천했다. 그러나 그녀는 다 마음에 들지 않는다고 했다. 항상 수익률이 문제였다. 투룸으로 허가 난 건축물에 원룸으로 쪼개기를 하거나 어느 곳은 옥상에 불법으로 방을 들인 경우도 많았다. 예나 지금이나 다가구주택은 불법 건축을 많이 한다. 그녀는 조금이라도 불법적인 것은 원하지 않았다. 그렇게 며칠을 찾았지만 대부분 불법으로 증축한 부분 때문에 계약을 할 수 없었다.

나는 그동안 쫓아다닌 것도 억울하고 현금을 들고 있는 고객을 놓치고 싶지 않았다. 그다음 날도 이곳저곳을 헤매다 수원 지하철역 부근의 좋은 물건을 찾게 되었다. 당시 4층 건물에 투룸 4개, 원룸 8개인 다가구주택을 계약할 수 있었다. 술집이 밀집된 지역이었고 가장 중요한 지하철역이나 버스정류장이 2분 거리에 있었다. 매매가는 8억 원으로, 임대보증금은 전세보증금을 포함해서 2억 원, 임대료는 350만 원이었다. 수익률을 계산해 봤더니 대출금이 없을 경우 수익률이 7%였다. 3억 원을 대출받고 87만 원의 이자를 내고도 융자금 활용으로 인한 수익률은 10%가 훌쩍 넘었다. 이렇게 해서 계약은 잘 마무리되었다.

그런데 그 고객에게서 어느 날 연락이 왔다. 잠실에서 수원까지 왔다 갔다 하기도 불편하고 사람들이 자주 들락날락해 공실이

나는 것도 마음에 안 든다고 했다. 당시 다가구 주변 특성상 그곳
은 자주 사람들이 왔다 갔다 한다고 말씀을 드렸는데도 아파트처
럼 임대를 계약하면 오래 머무는 것이라 생각했던 것 같다. 그 이
후로도 여러 번 전화가 왔지만 매번 월세 받는 재미가 더 쏠쏠했
던지 그 이후로는 연락이 없다.

저금리 기조가 계속되는 가운데 은행이자보다 높은 수익률을
찾는 사람들이 갈수록 많아지고 있다. 수익형 부동산에 대한 관
심이 그만큼 커진 것이다. 게다가 은퇴세대의 재테크나 노후대비
로 부동산 투자의 인기가 점점 높아지고 있는 상황이다.

부동산 투자를 할 때는 주변 환경 요소를 꼭 고려해야 한다.
섣불리 투자했다가 낭패를 보는 경우도 많다. 주의할 점으로는 상
가인 경우 수요층이 많고 주차장 공간을 많이 확보할 수 있는 곳,
수요층을 끌어들일 수 있는 입지가 있는지다. 상가 투자에 실패하
고 1년이 넘도록 공실로 비어 있는 경우도 간혹 보았다. 이런 경
우는 수익률이 맞춰져 있지 않아서 매매거래도 안 되니 주의해야
한다. 다가구 같은 경우는 오래된 것보다는 신축이어야 한다. 그
리고 지하철역이나 버스정류장과 가까워야 잘 나간다. 회사 밀집
지역이나 상권 형성이 잘된 곳이면 매달 월세 받는 것은 신경 쓰
지 않아도 된다. 오피스텔이나 아파트는 소형 위주로 매입하는 것
이 공실을 줄이는 방법이다.

한신혜 씨는 대형 평수 아파트에 살면서 여유로운 생활을 한다. 그래도 불투명한 미래에 대해 항상 생각하는 편이었다. 자식이 둘 다 출가한 상황이라 생활에 쪼들리지는 않았다. 그러던 어느 날 그녀가 나에게 진지하게 상담을 요청해 왔다. 자식들이 출가하고 대형 아파트에 남편과 둘이 사는데 청소하기도 버겁고 나이가 더 들기 전에 수익형 부동산으로 갈아타고 싶다고 했다. 이런 고객들은 두 가지 부류로 나뉜다. 아파트에 계속 살아서 죽어도 다른 곳으로 이사를 못 간다는 경우가 있고, 수익형 부동산을 택하는 경우가 있다.

"지금보다 많이 불편하실 텐데 괜찮으시겠어요?"

나는 신혜 씨의 의중을 떠보기 위해서 먼저 파악에 들어갔다. 내가 먼저 계약을 하라고 하면 대부분 나에게 원망을 쏟아내는 경우가 많아서 될 수 있으면 본인이 결정하도록 유도한다.

"그럼요. 둘이 사는데 잠만 자면 돼요."

본인의 의사가 결정되면 거의 99% 성공한다고 볼 수 있다. 나는 그날로 이곳저곳 물건을 파악한 후 임장을 다니기 시작했다. 일단 교통이 좋아야 하고 수익률도 나오고 보존등기 난 지가 오래 안 되고 불법 건축물이 없는 것으로 골랐다. 그 와중에 운 좋게 신혜 씨의 아파트가 매매되었다. 일이 술술 풀렸다. 신혜 씨 부부는 다가구로 이사 가는 날에 맞춰 짐을 쌀 수 있었다.

그렇게 그녀는 본인 아파트를 8억 5,000만 원에 매도한 후 다가구를 12억 원에 매수하면서 투룸 4개, 원룸 4개, 주인세대를 제하고 보증금 1억 2,000만 원에 대출금 2억 5,000만 원으로 인수했다. 본인 투자금의 부담을 줄이기 위해 전세보증금 비율이 높은 것을 선택했고 차츰 월세로 전환하기로 했다. 신혜 씨는 즐거운 마음으로 이사를 갔다. 그리고 수익형 부동산으로 전환한 것에 대해 매우 만족해하고 있다. 비록 짐을 다 버리고 이사했고 좁은 곳이지만 매달 나오는 돈으로 더 많은 혜택을 누릴 수 있는 것에 만족하고 있다.

주변을 보면 수익형 부동산으로 갈아탄 후 여유 있는 생활을 하는 사람을 어렵지 않게 볼 수 있다. 내가 계약해 준 사람 중에는 상가, 오피스텔 등으로 임대수익을 올리면서 1년에 여러 번 해외로 여행을 다니면서 즐겁게 사는 이들도 있다. 나 또한 오피스텔을 여러 채 갖고 있다. 역세권에 교통만 편리하면 공실이 생길 일도 없고, 가끔 돈이 필요한 경우 발 빠르게 매매가 된다. 매달 나오는 돈도 쏠쏠하다. 입지 및 교통 여건에 따라 매달 월세도 받고 나중에 가격이 올라서 재산의 가치도 올려 준다. 또 오피스텔은 환금성도 뛰어나다.

수익형 부동산의 인기는 앞으로도 계속될 것이다. 한국은행 경제통계시스템에 따르면 예금은행의 평균금리는 1%대라고 한다. 반면 오피스텔 및 상가 수익률은 5~6%대라고 한다. 정부의 규제로 인해 주거용 부동산에 대한 투자자들의 관심이 수익형 부동산으로 쏠린 만큼 앞으로 수익형 부동산은 더욱더 인기를 얻을 것이다. 수익형 부동산은 살아가는 데 꼭 필요한 투자라는 것을 명심하자.

경제적 자유,
이제 당신 차례다

누구나 막연히 억대 연봉을 꿈꾼다. 그러나 어떻게 해야 억대 연봉을 받을 수 있는지는 잘 모른다. 나도 부동산 투자를 시작한 초반에는 아파트나 오피스텔에만 투자를 했다. 그러나 시간이 지나면서 좀 더 빨리 매년 억대 수입을 올릴 수 있는 방법을 깨달았다.

나의 고객 중에는 한 달에 부동산으로 몇백만 원부터 억대까지 수입을 올리는 분들이 많다. 그들도 처음부터 그렇게 부자는 아니었다. 시작은 미미했으나 부동산 투자로 인해 작은 눈 뭉치가 커다란 눈덩이로 변한 것이다. 그들의 공통점은 하나같이 부동산에 관심을 갖고 멀리 내다보았다는 것이다.

오래전부터 나와 거래하는 김도연 씨가 있다. 그녀는 굉장히 보수적이고 남의 말을 잘 귀담아듣지 않는다. 그리고 의심이 많아 본인의 속을 다른 사람에게 쉽게 보이려 하지 않았다. 그래서 그녀의 아파트 임대를 계약을 할 때는 웃지 못할 일들이 많았다.

도연 씨는 임대 계약을 할 때 본인이 살고 있는 현 주소가 아닌 임대를 놓는 아파트로 본인 주소를 써 달라고 요구했다. 임차 계약을 할 때 임차인들은 을의 입장이라 대부분 동의하는 편인데 임차인도 만만치 않았다. 서로 한 치의 양보도 없어 나는 꽤 진땀을 흘려야 했다. 결국 임대인 도연 씨의 요구대로 임대를 놓은 아파트로 주소를 써서 계약했다. 계약서에서 임대인의 주소가 딱히 문제되는 것은 아니지만, 그들은 임대인과 임차인의 관계로 지속적으로 삐걱거렸다. 무슨 일만 있으면 서로 나에게 달려와서 하소연하고 해결해 달라고 요구하곤 했다.

그렇게 도연 씨의 일을 해결해 준 결과 나는 그녀의 신임을 얻게 되었다. 얼마 후 그녀는 노후대비를 위해 수익형 부동산을 사고 싶어 했다. 나는 당시 인기가 많아 분양받아 놓았던 점포주택 용지를 권리금을 주고 사라고 권했다. 아래층에는 가게를 넣고 위층에는 원룸과 투룸으로 세를 주거나 직접 거주하는 상가주택이 단연 인기였던 때다. 그리고 여러 번 발품을 팔아 좋은 위치에 어렵지 않게 땅을 구했다. 그 후로 7개월간 그녀는 많은 시간을 건물을 올리는 데 심혈을 기울였다.

도연 씨는 건물을 올리는 데 토지대금 6억 원, 건축비용 7억 원까지 총 13억 원이 들었다. 1층 상가의 점포 3개는 보증금 1억 2,000만 원에 월 임대료 600만 원, 2~3층 투룸은 보증금 2억 원에 월 임대료 320만 원, 3층 쓰리룸의 전세보증금은 2억 5,000만 원을 받아서 당당하게 억대 연봉자가 되었다. 그 후 땅값과 건물값은 계속 올랐고 지금은 20억 원 이상 간다. 그녀는 올바른 판단으로 똑같은 돈을 투자하고 좋은 결과를 얻은 것이다.

그동안 주변에 건물을 지었던 사람들을 보면 잘 지어서 건물값을 제대로 받는 사람도 있지만 그렇지 않은 경우도 많이 보았다. 도연 씨는 내가 조언으로 들려주었던 다른 사람들의 경험이 많은 도움이 되었다고 했다. 건물을 지을 때 건축업자에게 맡기고 참견을 안 하면 날림공사를 하거나 본인 마음에 들지 않을 수 있기 때문이다. 내가 건축소장은 아니지만 그동안 다니면서 경험한 것을 토대로 체크해도 많은 도움이 될 것이다. 주택을 건축하는 데 있어서 몇 가지 주의할 사항은 다음과 같다.

1. 상가 면적과 주택 면적 중 어느 곳에 연 면적을 넓힐지 고민한다.

2. 트렌드에 맞게 외관을 꾸며야 한다.

3. 경험이 많은 소장에게 건축을 맡겨야 한다.

4. 건축시공 약정 시 어떻게 건축할지 따져 보고 세심한 부분까지 특약에 꼭 넣어야 한다.

5. 공사대금 지불 약정을 해야 한다.

'집 짓다가 10년 늙는다'라는 말이 있다. 나도 단독주택에 살았었고 친정엄마가 돌아가시기 전 건물을 짓고 돌아가셨다. 그러나 지금은 옛날에 비해 많이 달라졌다. 인터넷만 뒤져도 설계사무소를 쉽게 찾을 수 있고 건축 소장도 주변에 많으니 전문가를 찾으면 된다. 공사판에서 삽을 잡은 적이 없어도 아주 손쉽게 건물을 지을 수 있는 세상이 된 것이다. 건물은 목적에 맞지 않으면 쓸모없는 건물이 되고 예산을 초과해 빚으로 남을 수도 있다. 화려하고 비싸게 짓는 게 능사는 아니다.

내가 아는 한 고객은 경험이 없어서 그냥 업체에 건축을 맡겼다가 창문 쪽 단열과 방수 처리가 잘 안 돼서 비만 오면 물이 샜다. 심지어 겨울에는 곰팡이가 피어 임차인에게 손해배상을 해 주는 경우도 있었다. 이러한 경우는 마무리도 잘 안 되었다.

건물에 하자가 생기면 속상하기도 하지만 당장 고쳐 줘야 하는 상황에서 기술이 없어 낭패를 보는 경우도 많이 보았다. 언성을 높여 봐도 소장들은 매번 당하는 일이라 꿈쩍도 안 한다. 그리고 가장 간과하는 부분이지만 사소한 것부터 모두 특약에 넣어서 약정을 해야 나중에 AS를 받을 때 유리하다. 또한 공사대금 약정도 꼭 넣어야 나중에 문제가 없다. 현금이 있으면 매달 지급하면서 할인을 받을 수도 있다. 돈이 부족하면 임대를 놓으면서 공사

대금을 가져가기도 하지만 현금을 줄 때보다는 비용이 비싸진다. 그리고 집을 짓는 동안에도 계속 가서 확인해야 한다. 설계한 대로 진행하는 게 우선이지만 집을 짓다 보면 잘못된 부분이 보일 수도 있다. 그럴 때는 비용이 좀 들더라도 가차 없이 요구해서 고쳐 나가야 한다. 공사가 끝나 버리면 고치지 못하는 데다 설령 가능하더라도 비용이 몇 배나 들기도 한다.

나는 조만간 그동안 사 놓은 땅에 점포주택이나 단독주택을 올릴 생각이다. 원주기업도시에 사 놓은 단독주택지는 원룸만 15개를 넣을 수 있는 택지라 월세만 해도 400~500만 원은 될 것이다. 그리고 이어서 고덕신도시, 안성 아양에 연속적으로 집을 지을 계획이다. 사람들은 건물을 올리는 데 돈이 많이 들 거라고 생각한다. 그러나 돈이 많지 않아도 건물을 올려 시세차익을 보는 사람을 쉽게 볼 수 있다. 주변에 찾아보면 땅을 싸게 사서 수익을 낼 수 있는 것들이 많다. 비싸고 좋은 위치의 땅만 사야 한다고 생각하기보다는 사고를 바꿔 보자.

한번은 고객 유은선 씨가 위례신도시에 점포주택을 사고 싶어 해서 같이 현장을 찾았다. 은선 씨는 현금 15억 원을 가지고 있었다. 본인이 가진 돈에 맞춰 보려 했지만 결국 못 사고 돌아왔다. 은선 씨는 위례신도시만을 고집했지만 결국 건물을 사지 못했다. 위례신도시는 이미 오를 대로 올랐고 건축이 된 것들은 30억 원이 훨씬 넘었다. 그리고 임대보증금을 공제하고도 현금으로 25억 원 이상이 있어야 가능한 일이었다.

결국 은선 씨는 내가 처음 권했던 대로 평택항 부근의 공장 부지를 샀다. 그곳은 미군 이전으로 인한 도로망 확충과 유동인구 유입이 많아지는 곳으로서 앞으로 땅값이 천정부지로 오를 것이다. 은선 씨는 그곳에 공장을 지어서 월세를 받을 계획이다. 지가 상승과 수익률을 같이 보면서 아주 좋은 곳을 찾아 준 것이다.

처음에는 고객의 입장에서 의견을 수렴해서 진행했지만 결과는 좋지 않았다. 결국 내가 원하는 대로 따라와 주었기 때문에 좋은 결과로 마무리되었다. 이런 경우는 잘된 사례다. 고객의 주장이 너무 강해서 잘 따라와 주지 않는 경우도 많다.

현대사회에서 돈 없이는 아무것도 할 수 있는 게 없다. 억대 연봉은 어느 특정한 사람만 이룰 수 있는 것이 아니다. 종잣돈으로 어떻게 방향을 잡느냐에 따라 풍요로울 수도, 늙어 죽을 때까지 힘들게 살아야 할 수도 있다. 요즘은 나이 든 사람들도 다시 재취업을 하면서 일선으로 뛰어들고 있다. 집에서 놀기 싫어서가 아니다. 생활비를 벌기 위해 지하철 택배원, 경비 등에 취업하기도 하고 심지어는 아르바이트를 하며 생활을 꾸려 가는 경우도 있다.

억대 연봉으로 가는 길은 언제나 열려 있다. 지금 당장 당신의 미래를 억대 연봉자로 다시 설계해 보라!

부자가 되고 싶다면 부동산 투자를 하라

초판 1쇄 인쇄 2018년 3월 28일
초판 1쇄 발행 2018년 4월　4일

지 은 이　**박경례**
펴 낸 이　**권동희**
펴 낸 곳　**위닝북스**
기　　획　**김태광**
책임편집　**채지혜**
디 자 인　**이혜원**
마 케 팅　**허동욱**

출판등록　**제312-2012-000040호**
주　　소　**경기도 성남시 분당구 수내동 16-5 오너스타워 407호**
전　　화　**070-4024-7286**
이 메 일　**no1_winningbooks@naver.com**
홈페이지　**www.wbooks.co.kr**

ⓒ위닝북스(저자와 맺은 특약에 따라 검인을 생략합니다)
ISBN 979-11-88610-39-6 (13320)

이 도서의 국립중앙도서관 출판도서 목록(CIP)은 서지정보유통지원시스템
홈페이지(http://seoji.nl.go.kr)와 국가자료공동목록시스템(http://www.nl.go.
kr/kolisnet)에서 이용하실 수 있습니다.(CIP제어번호: CIP2018006735)

위닝북스는 독자 여러분의 책에 관한 아이디어와 원고 투고를 설레는
마음으로 기다리고 있습니다. 책으로 엮기를 원하는 아이디어가 있으신 분은
이메일 no1_winningbooks@naver.com으로 간단한 개요와 취지, 연락
처 등을 보내주세요. 망설이지 말고 문을 두드리세요. 꿈이 이루어집니다.

※ 책값은 뒤표지에 있습니다.
※ 잘못 만들어진 책은 구입하신 서점에서 교환해 드립니다.